Mediterran Matlagningsglädje för Nybörjare
En Kulinarisk Resa genom Smakrik Medelhavskost

Sofia Andersson

innehållsförteckning

Marockansk tagine med grönsaker 9

Kikärter och sallad wraps med selleri 11

Grillade grönsaksspett 12

Fyllda Portobellosvampar med tomater 14

Vissnade maskrosblad med söt lök 16

Selleri och senapsgrönt 17

Grönsaks- och tofuröra 18

enkla zoodles 20

Linswraps och tomatgroddar 21

Medelhavet grönsaksskål 23

Rostade grönsaker och hummuswrap 25

Spanska gröna bönor 27

Rustik blomkål och morot hash 27

Rostad blomkål och tomater 28

Rostad ekollon squash 31

Sauterad spenat med vitlök 33

Fräs vitlökszucchini med mynta 34

stuvad okra 34

Söt grönsaksfylld paprika 35

Aubergine Moussaka 38

Vinblad fyllda med grönsaker 40

Grillade auberginerullar 42

Krispiga Zucchini Fritters 44

Spenat Cheesecakes 46

- gurkbett 48
- yoghurtdipp 49
- tomatspett 50
- Tomater fyllda med oliver och ost 52
- paprikatapenad 53
- koriander falafel 54
- röd paprika hummus 56
- White Bean Dip 57
- Hummus med malet lamm 58
- aubergine dip 59
- grönsaksfritter 60
- Bulgur lammköttbullar 62
- gurkbett 64
- Fylld avokado 65
- inslagna plommon 66
- Marinerad fetaost och kronärtskockor 67
- Tonfiskkroketter 68
- Rökt lax crudités 71
- Citrusmarinerade oliver 72
- Olivtapenad med ansjovis 73
- Grekiska Deviled ägg 75
- Manchegankakor 77
- Burrata Caprese Stack 79
- Zucchini och Ricotta Fritters med Citron Vitlök Aioli 81
- Laxfyllda gurkor 83
- Getost och makrillpaté 85
- Smak av medelhavsfettbomber 87

Avokado Gazpacho ... 88

Krabbkaka Salladskoppar ... 90

Dragon Orange Kyckling Sallad Wrap ... 92

Svamp fyllda med fetaost och quinoa ... 94

Fem ingrediens falafel med vitlök och yoghurtsås ... 96

Citronräkor med vitlök olivolja ... 98

Krispiga gröna bönfrites med citronyoghurtdipp ... 100

Hemgjorda havssalt Pita Chips ... 102

Bakad Spanakopita Dip ... 103

Rostad pärllöksdip ... 105

röd paprika tapenade ... 107

Grekiskt potatisskal med oliver och fetaost ... 109

Kronärtskocka och oliv Pitabröd ... 111

Kycklingfestsallad ... 113

Majs och svarta bönor sallad ... 115

fantastisk pastasallad ... 116

Tonfisksallad ... 118

södra potatissallad ... 119

sju lager sallad ... 121

Grönkål, quinoa och avokadosallad med citron dijonvinägrett ... 123

Kycklingsallad ... 125

cobb sallad ... 127

Brocolisallad ... 129

Jordgubbs- och spenatsallad ... 131

Päronsallad med Roquefortost ... 133

Mexikansk bönsallad ... 135

Melonsallad ... 137

Selleri och apelsinsallad ... 139

Grillad broccolisallad ... 140

Tomatsallad ... 142

Rödbetssallad med fetaost ... 143

Blomkål och tomatsallad ... 144

Pilaf med färskost ... 145

Rostad aubergine sallad ... 147

Rostade grönsaker ... 148

Pistasch och ruccolasallad ... 150

Parmesan korn risotto ... 151

Skaldjur och avokadosallad ... 153

Medelhavsräksallad ... 155

Kikärtspastasallad ... 156

Medelhavsröra ... 158

Balsamic gurksallad ... 160

Kefta köttfärsbiffar med gurksallad ... 161

Kyckling och gurksallad med persiljepesto ... 163

Lätt ruccolasallad ... 165

Bön- och kikärtssallad med fetaost ... 166

Grekiska vilda och bruna risskålar ... 168

Grekisk middagssallad ... 169

Hälleflundra med citron och fänkålssallad ... 171

Grekisk kycklingsallad med örter ... 173

Grekisk Couscoussallad ... 175

Denver Fried Tortilla ... 177

korvpanna ... 179

Grillade marinerade räkor ... 181

Korväggsgryta 183

Bakade Tortillarutor 185

kokt ägg 187

Svamp med sojasåsglasyr 188

Ägg muffins 190

dinosaurieägg 192

Paleo mandelbananpannkakor 196

Zucchini med ägg 198

Ostlik Amish frukostgryta 199

Sallad med Roquefortost 201

ris med nudlar 203

Bönor och ris 205

bondbönor med smör 207

Freekeh 209

Friterade risbollar med tomatsås 210

Spanskt ris 212

Zucchini med ris och tzatziki 214

Cannellinibönor med rosmarin och vitlöksaioli 216

juvelprydda ris 217

Marockansk tagine med grönsaker

Förberedelsetid: 20 minuter.

Dags att laga mat: 40 minuter

Portioner: 2

Svårighetsgrad: genomsnittlig

Ingredienser:

- 2 matskedar olivolja
- ½ hackad lök
- 1 finhackad vitlöksklyfta
- 2 dl blomkålsbuketter
- 1 medelstor morot, skuren i 1-tums bitar
- 1 kopp tärnad aubergine
- 1 burk hela tomater med juice
- 1 burk (15 ounce / 425 g) kikärter
- 2 små röda potatisar
- 1 kopp vatten
- 1 tsk ren lönnsirap
- ½ tsk kanel
- ½ tsk gurkmeja
- 1 tsk spiskummin
- ½ tsk salt
- 1 till 2 tsk harissapasta

Adresser:

Värm olivoljan på medelhög värme i en kastrull. Fräs löken i 5 minuter, rör om då och då, eller tills löken är genomskinlig.

Tillsätt vitlök, blomkålsbuketter, morot, aubergine, tomater och potatis. Krossa tomaterna med en träslev till mindre bitar.

Tillsätt kikärtorna, vattnet, lönnsirap, kanel, gurkmeja, spiskummin och salt och rör om för att införliva. låt det koka

När det är klart, sänk värmen till medel-låg. Tillsätt harissapasta, täck över, låt sjuda i cirka 40 minuter eller tills grönsakerna mjuknat. Smaka av och justera krydda efter behov. Låt den vila innan servering.

Näring (per 100g): 293 Kalorier 9,9 g Fett 12,1 g Kolhydrater 11,2 g Protein 811 mg Natrium

Kikärter och sallad wraps med selleri

Förberedelsetid: 10 minuter.

Dags att laga mat: 0 minuter

Portioner: 4

Svårighetsgrad: Lätt

Ingredienser:

- 1 burk (15 ounce / 425 g) kikärtor med låg natriumhalt
- 1 stjälkselleri, tunt skivad
- 2 msk finhackad rödlök
- 2 matskedar osaltad tahini
- 3 matskedar senap och honung
- 1 msk kapris, odränerad
- 12 smörsallatsblad

Adresser:

Mosa kikärtorna i en skål med en potatisstöt eller baksidan av en gaffel tills de är nästan slät. Tillsätt selleri, rödlök, tahini, senap och kapris i skålen och rör om tills det är väl införlivat.

För varje servering, lägg tre salladsblad på en tallrik och toppa med ¼ av hummusfyllningen och rulla sedan ihop. Upprepa med resterande salladsblad och kikärtsblandning.

Näring (per 100g): 182 Kalorier 7,1 g Fett 3 g Kolhydrater 10,3 g Protein 743 mg Natrium

Grillade grönsaksspett

Förberedelsetid: 15 minuter.

Dags att laga mat: 10 minuter

Portioner: 4

Svårighetsgrad: Lätt

Ingredienser:

- 4 medelstora rödlökar, skalade och skurna i 6 klyftor
- 4 medelstora zucchini, skurna i 1-tums tjocka skivor
- 2 bifftomater, skurna i fjärdedelar
- 4 röda paprikor
- 2 apelsin paprika
- 2 gula paprikor
- 2 matskedar plus 1 tesked olivolja

Adresser:

Värm grillen till medelhög värme. Pierce grönsakerna omväxlande mellan rödlök, zucchini, tomater och olikfärgad paprika. Smörj med 2 matskedar olivolja.

Smörj grillgallren med 1 tsk olivolja och grilla grönsaksspetten i 5 minuter. Vänd spetten och grilla i ytterligare 5 minuter, eller tills de är kokta efter eget tycke. Låt spetten svalna i 5 minuter innan servering.

Näring (per 100g): 115 kalorier 3 g Fett 4,7 g Kolhydrater 3,5 g Protein 647 mg Natrium

Fyllda Portobellosvampar med tomater

Förberedelsetid: 10 minuter.

Dags att laga mat: 15 minuter

Portioner: 4

Svårighetsgrad: genomsnittlig

Ingredienser:

- 4 stora portobellosvampmössor
- 3 matskedar extra virgin olivolja
- Salt och svartpeppar efter smak
- 4 soltorkade tomater
- 1 dl riven mozzarellaost, delad
- ½ till ¾ kopp tomatsås med låg natriumhalt

Adresser:

Värm grillen till hög värme. Lägg svamplocken på en plåt och ringla över olivolja. Strö över salt och peppar. Grilla i 10 minuter, vänd svamplocken halvvägs tills de fått färg på toppen.

Ta bort från grillen. Häll 1 tomat, 2 matskedar ost och 2 till 3 matskedar sås i varje svamplock. Sätt tillbaka svamplocken på grillen och fortsätt att grilla i 2 till 3 minuter. Låt svalna i 5 minuter innan servering.

Näring (per 100g): 217 Kalorier 15,8 g Fett 9 g Kolhydrater 11,2 g Protein 793 mg Natrium

Vissnade maskrosblad med söt lök

Förberedelsetid: 15 minuter.

Dags att laga mat: 15 minuter

Portioner: 4

Svårighetsgrad: Lätt

Ingredienser:

- 1 matsked extra virgin olivolja
- 2 hackade vitlöksklyftor
- 1 Vidalia lök, tunt skivad
- ½ dl grönsaksbuljong med låg natriumhalt
- 2 knippen maskrosblad, hackade
- Nymalen svartpeppar, efter smak

Adresser:

Hetta upp olivoljan i en stor stekpanna på låg värme. Tillsätt vitlök och lök och koka 2 till 3 minuter, rör om då och då, eller tills löken är genomskinlig.

Tillsätt grönsaksbuljongen och maskrosgrönsakerna och koka i 5 till 7 minuter tills de är mjuka, rör om ofta. Strö över svartpeppar och servera på en varm tallrik.

Näring (per 100g): 81 Kalorier 3,9 g Fett 4 g Kolhydrater 3,2 g Protein 693 mg Natrium

Selleri och senapsgrönt

Förberedelsetid: 10 minuter.

Dags att laga mat: 15 minuter

Portioner: 4

Svårighetsgrad: genomsnittlig

Ingredienser:

- ½ dl grönsaksbuljong med låg natriumhalt
- 1 stjälkselleri, grovt hackad
- ½ finhackad söt lök
- ½ stor röd paprika, tunt skivad
- 2 hackade vitloksklyftor
- 1 knippe senapsgrönsaker, hackade

Adresser:

Häll grönsaksbuljongen i en stor gjutjärnspanna och låt sjuda på medelvärme. Tillsätt selleri, lök, paprika och vitlök. Koka utan lock i cirka 3 till 5 minuter.

Tillsätt senapsgrönsakerna i pannan och rör om väl. Sänk värmen och koka tills vätskan avdunstar och grönsakerna mjuknat. Ta av från värmen och servera varm.

Näring (per 100g): 39 Kalorier 3,1 g Protein 6,8 g Kolhydrater 3 g Protein 736 mg Natrium

Grönsaks- och tofuröra

Förberedelsetid: 5 minuter.

Dags att laga mat: 10 minuter

Portioner: 2

Svårighetsgrad: Lätt

Ingredienser:

- 2 matskedar extra virgin olivolja
- ½ rödlök, finhackad
- 1 dl hackad grönkål
- 8 uns (227 g) svamp, skivad
- 8 uns (227 g) tofu, skuren i bitar
- 2 hackade vitlöksklyftor
- 1 nypa röd paprikaflingor
- ½ tsk havssalt
- 1/8 tsk nymalen svartpeppar

Adresser:

Koka olivoljan i en medelstor nonstick-panna på medelhög värme tills den skimrar. Tillsätt löken, grönkålen och svampen i stekpannan. Koka och rör om oregelbundet, eller tills grönsakerna börjar få färg.

Tillsätt tofun och stek i 3 till 4 minuter tills den mjuknat. Tillsätt vitlök, rödpepparflingor, salt och svartpeppar och koka i 30 sekunder. Låt den vila innan servering.

Näring (per 100g): 233 Kalorier 15,9 g Fett 2 g Kolhydrater 13,4 g Protein 733 mg Natrium

enkla zoodles

Förberedelsetid: 10 minuter.

Dags att laga mat: 5 minuter

Portioner: 2

Svårighetsgrad: Lätt

Ingredienser:

- 2 msk avokadoolja
- 2 medelstora zucchini, spiraliserade
- ¼ tesked salt
- Nymalen svartpeppar, efter smak

Adresser:

Hetta upp avokadoolja i en stor stekpanna på medelvärme tills den skimrar. Tillsätt zucchininudlar, salt och svartpeppar i stekpanna och rör om. Koka och rör hela tiden tills det är mjukt. Servera varm.

Näring (per 100g): 128 Kalorier 14 g Fett 0,3 g Kolhydrater 0,3 g Protein 811 mg Natrium

Linswraps och tomatgroddar

Förberedelsetid: 15 minuter.

Dags att laga mat: 0 minuter

Portioner: 4

Svårighetsgrad: Lätt

Ingredienser:

- 2 koppar kokta linser
- 5 romska tomater, tärnade
- ½ kopp smulad fetaost
- 10 stora färska basilikablad, tunt skivade
- ¼ kopp extra virgin olivolja
- 1 msk balsamvinäger
- 2 hackade vitlöksklyftor
- ½ tesked rå honung
- ½ tsk salt
- ¼ tesked nymalen svartpeppar
- 4 stora kålblad, stjälkar borttagna

Adresser:

Kombinera linser, tomater, ost, basilikablad, olivolja, vinäger, vitlök, honung, salt och svartpeppar och rör om väl.

Lägg kålbladen på en plan arbetsyta. Häll lika stora mängder av linsblandningen på skalens kanter. Rulla ihop dem och skär dem på mitten för servering.

Näring (per 100g): 318 Kalorier 17,6 g Fett 27,5 g Kolhydrater 13,2 g Protein 800 mg Natrium

Medelhavet grönsaksskål

Förberedelsetid: 10 minuter.

Dags att laga mat: 20 minuter

Portioner: 4

Svårighetsgrad: genomsnittlig

Ingredienser:

- 2 koppar vatten
- 1 kopp #3 bulgurvete eller quinoa, sköljd
- 1½ tsk salt, delat
- 1 pint (2 koppar) körsbärstomater, halverade
- 1 stor paprika, hackad
- 1 stor gurka, hackad
- 1 kopp Kalamata oliver
- ½ dl färskpressad citronsaft
- 1 kopp extra virgin olivolja
- ½ tsk nymalen svartpeppar

Adresser:

Koka upp vatten i en medelstor kastrull på medelvärme. Tillsätt bulgur (eller quinoa) och 1 tsk salt. Täck över och koka i 15 till 20 minuter.

För att ordna grönsakerna i dina 4 skålar, dela varje skål visuellt i 5 sektioner. Ordna den kokta bulguren i en sektion. Följ med tomater, paprika, gurka och oliver.

Vispa ihop citronsaft, olivolja, resterande ½ tsk salt och svartpeppar.

Häll dressingen jämnt över alla 4 skålarna. Servera omedelbart eller täck och ställ i kylen till senare.

Näring (per 100g): 772 Kalorier 9 g Fett 6 g Protein 41 g Kolhydrater 944 mg Natrium

Rostade grönsaker och hummuswrap

Förberedelsetid: 15 minuter.

Dags att laga mat: 10 minuter

Portioner: 6

Svårighetsgrad: genomsnittlig

Ingredienser:

- 1 stor aubergine
- 1 stor lök
- ½ kopp extra virgin olivolja
- 1 tsk salt
- 6 lavashrullar eller stora pitabröd
- 1 kopp traditionell krämig hummus

Adresser:

Förvärm en grill, stor grillpanna eller stor lätt oljad stekpanna på medelvärme. Skär aubergine och lök i cirklar. Smörj grönsakerna med olivolja och strö över salt.

Koka grönsaker på båda sidor, cirka 3 till 4 minuter per sida. För att göra omslaget, lägg lavash eller pitabröd platt. Lägg ca 2 msk hummus i wrapen.

Dela grönsakerna jämnt mellan omslagen, lägg dem i lager längs ena sidan av omslaget. Vik försiktigt sidan av wrapen med grönsakerna, stoppa in dem och gör en tät wrap.

Lägg ner sömmen på omslaget och skär den i hälften eller tredjedelar.

Du kan också slå in varje smörgås i plastfolie för att hjälpa den att behålla sin form för senare ätning.

Näring (per 100g): 362 Kalorier 10 g Fett 28 g Kolhydrater 15 g Protein 736 mg Natrium

Spanska gröna bönor

Förberedelsetid: 10 minuter.

Dags att laga mat: 20 minuter

Portioner: 4

Svårighetsgrad: Lätt

Ingredienser:

- ¼ kopp extra virgin olivolja
- 1 stor lök hackad
- 4 vitlöksklyftor fint hackade
- 1 pund gröna bönor, färska eller frysta, putsade
- 1½ tsk salt, delat
- 1 (15-ounce) burk tärnade tomater
- ½ tsk nymalen svartpeppar

Adresser:

Värm olivolja, lök och vitlök; koka 1 minut. Skär de gröna bönorna i 2-tums bitar. Tillsätt haricots verts och 1 tsk salt i grytan och blanda ihop allt; koka 3 minuter. Tillsätt tärnade tomater, återstående ½ tesked salt och svartpeppar i grytan; fortsätt koka i ytterligare 12 minuter, rör om då och då. Servera varm.

Näring (per 100g): 200 kalorier 12 g Fett 18 g Kolhydrater 4 g Protein 639 mg Natrium

Rustik blomkål och morot hash

Förberedelsetid: 10 minuter.

Dags att laga mat: 10 minuter

Portioner: 4

Svårighetsgrad: Lätt

Ingredienser:

- 3 matskedar extra virgin olivolja
- 1 stor lök hackad
- 1 msk finhackad vitlök
- 2 dl tärnade morötter
- 4 dl blomkålsbitar, tvättade
- 1 tsk salt
- ½ tsk malen spiskummin

Adresser:

Koka olivolja, lök, vitlök och morötter i 3 minuter. Skär blomkålen i 1-tums eller lagom stora bitar. Tillsätt blomkål, salt och spiskummin i pannan och blanda ihop med morötterna och löken.

Täck och koka i 3 minuter. Tillsätt grönsakerna och fortsätt koka i ytterligare 3 till 4 minuter. Servera varm.

Näring (per 100g): 159 Kalorier 17 g Fett 15 g Kolhydrater 3 g Protein 569 mg Natrium

Rostad blomkål och tomater

Förberedelsetid: 5 minuter.

Dags att laga mat: 25 minuter

Portioner: 4

Svårighetsgrad: genomsnittlig

Ingredienser:

- 4 koppar blomkål, skuren i 1-tums bitar
- 6 matskedar extra virgin olivolja, delad
- 1 tsk salt, delat
- 4 koppar körsbärstomater
- ½ tsk nymalen svartpeppar
- ½ kopp riven parmesanost

Adresser:

Värm ugnen till 425 ° F. Tillsätt blomkål, 3 msk olivolja och ½ tsk salt i en stor skål och blanda till en jämn beläggning. Lägg den på en plåt i ett jämnt lager.

I en annan stor skål, tillsätt tomaterna, de återstående 3 msk olivolja och ½ tsk salt och rör om till en jämn beläggning. Häll på ett annat bakplåtspapper. Placera blomkålsbladet och tomatbladet i ugnen för att rosta i 17 till 20 minuter tills blomkålen är lätt brynt och tomaterna är fylliga.

Använd en spatel, arrangera blomkålen på ett serveringsfat och toppa med tomater, svartpeppar och parmesanost. Servera varm.

Näring (per 100g): 294 Kalorier 14 g Fett 13 g Kolhydrater 9 g Protein 493 mg Natrium

Rostad ekollon squash

Förberedelsetid: 10 minuter.

Dags att laga mat: 35 minuter

Portioner: 6

Svårighetsgrad: genomsnittlig

Ingredienser:

- 2 zucchini, medelstora till stora
- 2 matskedar extra virgin olivolja
- 1 tsk salt, plus mer för smaksättning
- 5 matskedar osaltat smör
- ¼ kopp hackade salviablad
- 2 msk färska timjanblad
- ½ tsk nymalen svartpeppar

Adresser:

Värm ugnen till 400 ° F. Skär ekollonsquashen på mitten på längden. Skrapa ur frön och skär horisontellt i ¾-tums tjocka skivor. Ringla squashen med olivoljan i en stor skål, strö över salt och rör om.

Lägg ekollonsquashen på en plåt. Lägg på plåten i ugnen och grädda squashen i 20 minuter. Vänd på squashen med en spatel och grädda i ytterligare 15 minuter.

Mjuka upp smöret i en medelstor kastrull på medelvärme. Tillsätt salvia och timjan i det smälta smöret och låt dem koka i 30 sekunder. Lägg över de kokta squashskivorna till en tallrik. Häll smör/örtblandningen över squashen. Krydda med salt och svartpeppar. Servera varm.

Näring (per 100g): 188 Kalorier 13 g Fett 16 g Kolhydrater 1 g Protein 836 mg Natrium

Sauterad spenat med vitlök

Förberedelsetid: 5 minuter.

Dags att laga mat: 10 minuter

Portioner: 4

Svårighetsgrad: Lätt

Ingredienser:

- ¼ kopp extra virgin olivolja
- 1 stor lök, tunt skivad
- 3 vitlöksklyftor, hackade
- 6 (1 pund) påsar babyspenat, tvättad
- ½ tsk salt
- 1 citron skuren i klyftor

Adresser:

Koka olivolja, lök och vitlök i en stor stekpanna i 2 minuter på medelvärme. Tillsätt en påse spenat och ½ tesked salt. Täck pannan och låt spenaten vissna i 30 sekunder. Upprepa (utelämna saltet), tillsätt 1 påse spenat åt gången.

När all spenat har tillsatts, ta av locket och koka i 3 minuter, låt en del av fukten avdunsta. Servera varm med citronskal på toppen.

Näring (per 100g): 301 Kalorier 12 g Fett 29 g Kolhydrater 17 g Protein 639 mg Natrium

Fräs vitlökszucchini med mynta

Förberedelsetid: 5 minuter.

Dags att laga mat: 10 minuter

Portioner: 4

Svårighetsgrad: Lätt

Ingredienser:

- 3 stora gröna zucchini
- 3 matskedar extra virgin olivolja
- 1 stor lök hackad
- 3 vitlöksklyftor, hackade
- 1 tsk salt
- 1 tsk torkad mynta

Adresser:

Skär zucchinin i ½-tums tärningar. Koka olivolja, lök och vitlök i 3 minuter under konstant omrörning.

Tillsätt zucchini och salt i pannan och blanda ihop med löken och vitlöken, koka i 5 minuter. Tillsätt myntan i pannan, rör om för att kombinera. Koka i ytterligare 2 minuter. Servera varm.

Näring (per 100g): 147 Kalorier 16 g Fett 12 g Kolhydrater 4 g Protein 723 mg Natrium

stuvad okra

Förberedelsetid: 55 minuter

Dags att laga mat: 25 minuter

Portioner: 4

Svårighetsgrad: Lätt

Ingredienser:

- ¼ kopp extra virgin olivolja
- 1 stor lök hackad
- 4 vitlöksklyftor fint hackade
- 1 tsk salt
- 1 pund färsk eller fryst okra, rengjord
- 1 burk (15 uns) vanlig tomatsås
- 2 koppar vatten
- ½ kopp färsk koriander, finhackad
- ½ tsk nymalen svartpeppar

Adresser:

Blanda och koka olivolja, lök, vitlök och salt i 1 minut. Tillsätt okran och koka i 3 minuter.

Tillsätt tomatsås, vatten, koriander och svartpeppar; rör om, täck över och koka i 15 minuter, rör om då och då. Servera varm.

Näring (per 100g): 201 kalorier 6 g Fett 18 g Kolhydrater 4 g Protein 693 mg Natrium

Söt grönsaksfylld paprika

Förberedelsetid: 20 minuter.

Dags att laga mat: 30 minuter

Portioner: 6

Svårighetsgrad: genomsnittlig

Ingredienser:

- 6 stora paprikor, olika färger
- 3 matskedar extra virgin olivolja
- 1 stor lök hackad
- 3 vitlöksklyftor, hackade
- 1 hackad morot
- 1 (16-ounce) burk kikärter, sköljda och avrunna
- 3 koppar kokt ris
- 1½ tsk salt
- ½ tsk nymalen svartpeppar

Adresser:

Värm ugnen till 350 ° F. Se till att välja paprika som kan stå upprätt. Skär av pepparpluggen och ta bort fröna, spara pluggen för senare. Lägg paprikorna i en ugnsform.

Hetta upp olivolja, lök, vitlök och morötter i 3 minuter. Tillsätt kikärtorna. Koka i ytterligare 3 minuter. Ta bort från pannan från värmen och häll de kokta ingredienserna i en stor skål. Tillsätt ris, salt och peppar; rör om för att kombinera.

Fyll varje paprika till toppen och sätt sedan tillbaka pepparlocken. Klä ugnsformen med aluminiumfolie och grädda i 25 minuter. Ta bort folien och grädda i ytterligare 5 minuter. Servera varm.

Näring (per 100g):301 kalorier 15 g Fett 50 g Kolhydrater 8 g Protein 803 mg Natrium

Aubergine Moussaka

Förberedelsetid: 55 minuter

Dags att laga mat: 40 minuter

Portioner: 6

Svårighetsgrad: Svår

Ingredienser:

- 2 stora auberginer
- 2 tsk salt, delat
- olivolja spray
- ¼ kopp extra virgin olivolja
- 2 stora lökar, skivade
- 10 vitlöksklyftor, skivade
- 2 (15-ounce) burkar tärnade tomater
- 1 (16-ounce) burk kikärter, sköljda och avrunna
- 1 tsk torkad oregano
- ½ tsk nymalen svartpeppar

Adresser:

Skär aubergine horisontellt i ¼-tums tjocka runda skivor. Strö aubergineskivorna med 1 tsk salt och lägg i ett durkslag i 30 minuter.

Värm ugnen till 450 ° F. Torka aubergineskivorna med en pappershandduk och spraya varje sida med olivolja spray eller lätt pensla varje sida med olivolja.

Sätt ihop auberginen i ett enda lager på en plåt. Sätt in i ugnen och grädda i 10 minuter. Vänd sedan skivorna med en spatel och grädda i ytterligare 10 minuter.

Fräs olivolja, lök, vitlök och resterande tesked salt. Koka i 5 minuter under sällan omrörning. Tillsätt tomater, kikärter, oregano och svartpeppar. Koka på låg värme i 12 minuter, rör om oregelbundet.

Använd en djup gryta och börja lägga i lager, börja med auberginen och sedan såsen. Upprepa tills alla ingredienser har använts. Grädda i ugnen i 20 minuter. Ta ut ur ugnen och servera varm.

Näring (per 100g): 262 Kalorier 11 g Fett 35 g Kolhydrater 8 g Protein 723 mg Natrium

Vinblad fyllda med grönsaker

Förberedelsetid: 50 minuter.

Dags att laga mat: 45 minuter

Portioner: 8

Svårighetsgrad: genomsnittlig

Ingredienser:

- 2 dl vitt ris, sköljt
- 2 stora tomater, fint hackade
- 1 stor lök, finhackad
- 1 salladslök finhackad
- 1 dl färsk italiensk persilja, finhackad
- 3 vitlöksklyftor, hackade
- 2½ teskedar salt
- ½ tsk nymalen svartpeppar
- 1 burk (16 uns) druvblad
- 1 dl citronsaft
- ½ kopp extra virgin olivolja
- 4 till 6 koppar vatten

Adresser:

Kombinera ris, tomater, lök, salladslök, persilja, vitlök, salt och svartpeppar. Häll av och skölj vinbladen. Förbered en stor kruka genom att lägga ett lager vindruvsblad i botten. Lägg varje blad platt och skär stjälkarna.

Lägg 2 matskedar av risblandningen i botten av varje blad. Vik in sidorna och rulla sedan så hårt som möjligt. Placera de rullade vinbladen i grytan, rada upp varje rullat vinblad. Fortsätt lägga de rullade vinbladen i lager.

Häll försiktigt citronsaften och olivoljan över vinbladen, tillsätt precis tillräckligt med vatten för att täcka vinbladen med 1 tum. Lägg en tung tallrik som är mindre än öppningen på krukan upp och ner ovanpå vinbladen. Täck grytan och koka bladen på medelhög värme i 45 minuter. Låt vila i 20 minuter innan servering. Servera varm eller kall.

Näring (per 100g): 532 Kalorier 15 g Fett 80 g Kolhydrater 12 g Protein 904 mg Natrium

Grillade auberginerullar

Förberedelsetid: 30 minuter.

Dags att laga mat: 10 minuter

Portioner: 6

Svårighetsgrad: genomsnittlig

Ingredienser:

- 2 stora auberginer
- 1 tsk salt
- 4 uns getost
- 1 kopp ricotta
- ¼ kopp färsk basilika, finhackad
- ½ tsk nymalen svartpeppar
- olivolja spray

Adresser:

Skär av toppen av auberginema och skär dem på längden i ¼-tums tjocka skivor. Strö skivorna med saltet och lägg auberginen i ett durkslag i 15 till 20 minuter.

Vispa getost, ricotta, basilika och peppar. Förvärm en grill, grillpanna eller lätt oljad stekpanna på medelvärme. Torka aubergineskivorna och spraya lätt med olivolja spray. Lägg auberginen på grillen, stekpannan eller stekpannan och stek i 3 minuter på varje sida.

Ta bort auberginen från värmen och låt svalna i 5 minuter. För att rulla, lägg en skiva aubergine platt, häll en matsked av ostblandningen på botten av skivan och rulla. Servera omedelbart eller kyl till servering.

Näring (per 100g): 255 kalorier 7 g Fett 19 g Kolhydrater 15 g Protein 793 mg Natrium

Krispiga Zucchini Fritters

Förberedelsetid: 15 minuter.

Dags att laga mat: 20 minuter

Portioner: 6

Svårighetsgrad: Lätt

Ingredienser:

- 2 stora gröna zucchini
- 2 msk italiensk persilja, finhackad
- 3 vitlöksklyftor, hackade
- 1 tsk salt
- 1 kopp mjöl
- 1 stort ägg, uppvispat
- ½ kopp vatten
- 1 tsk bakpulver
- 3 dl vegetabilisk eller avokadoolja

Adresser:

Riv zucchinin i en stor skål. Tillsätt persilja, vitlök, salt, mjöl, ägg, vatten och bakpulver i skålen och rör om. Värm olja till 365°F i en stor gryta eller fritös på medelvärme.

Häll ner buñuelossmeten i den heta oljan i matskedar. Vänd frittorna med en hålslev och stek tills de är gyllenbruna, 2 till 3 minuter. Sila fritterna från oljan och lägg dem på en plåt klädd med hushållspapper. Servera varm med Creamy Tzatziki eller Creamy Traditional Hummus som dipp.

Näring (per 100g): 446 Kalorier 2 g Fett 19 g Kolhydrater 5 g Protein 812 mg Natrium

Spenat Cheesecakes

Förberedelsetid: 20 minuter.

Dags att laga mat: 40 minuter

Portioner: 8

Svårighetsgrad: Svår

Ingredienser:

- 2 matskedar extra virgin olivolja
- 1 stor lök hackad
- 2 hackade vitlöksklyftor
- 3 (1 pund) påsar babyspenat, tvättad
- 1 dl fetaost
- 1 stort ägg, uppvispat
- smördegsark

Adresser:

Värm ugnen till 375 ° F. Värm olivolja, lök och vitlök i 3 minuter. Tillsätt spenaten i pannan en påse i taget, låt den vissna mellan varje påse. Blanda med tång. Koka i 4 minuter. När spenaten är kokt, häll av överflödig vätska från pannan.

Blanda samman fetaost, ägg och kokt spenat i en stor skål. Lägg smördegen på en bänk. Skär degen i 3-tums rutor. Lägg en matsked av spenatblandningen i mitten av en smördegsruta. Vik över ett hörn av kvadraten till det diagonala hörnet och gör en triangel. Krympa kanterna på kakan genom att trycka ner med pinnarna på en gaffel för att täta. Upprepa tills alla rutor är fyllda.

Lägg tårtorna på en bakplåtspappersklädd plåt och grädda i 25 till 30 minuter eller tills de är gyllenbruna. Servera varm eller i rumstemperatur.

Näring (per 100g):503 kalorier 6 g Fett 38 g Kolhydrater 16 g Protein 836 mg Natrium

gurkbett

Förberedelsetid: 5 minuter.

Dags att laga mat: 0 minuter

Portioner: 12

Svårighetsgrad: Lätt

Ingredienser:

- 1 skivad gurka
- 8 skivor fullkornsbröd
- 2 msk färskost, slät
- 1 msk hackad gräslök
- ¼ kopp avokado, skalad, urkärnad och mosad
- 1 tsk senap
- Salt och svartpeppar efter smak

Adresser:

Fördela den mosade avokadon på varje brödskiva, fördela även resten av ingredienserna förutom gurkskivorna.

Dela gurkskivorna över brödskivorna, skär varje skiva i tredjedelar, lägg upp på ett fat och servera som förrätt.

Näring (per 100g):187 Kalorier 12,4 g Fett 4,5 g Kolhydrater 8,2 g Protein 736 mg Natrium

yoghurtdipp

Förberedelsetid: 10 minuter.

Dags att laga mat: 0 minuter

Portioner: 6

Svårighetsgrad: Lätt

Ingredienser:

- 2 koppar grekisk yoghurt
- 2 msk rostade och hackade pistagenötter
- En nypa salt och vitpeppar.
- 2 msk malet mynta
- 1 msk kalamataoliver, urkärnade och hackade
- ¼ kopp zaatar kryddor
- ¼ kopp granatäpplekärnor
- 1/3 kopp olivolja

Adresser:

Blanda yoghurten med pistagenötterna och resten av ingredienserna, vispa väl, dela mellan små koppar och servera med pitabröd vid sidan om.

Näring (per 100g): 294 Kalorier 18 g Fett 2 g Kolhydrater 10 g Protein 593 mg Natrium

tomatspett

Förberedelsetid: 10 minuter.

Dags att laga mat: 10 minuter

Portioner: 6

Svårighetsgrad: Lätt

Ingredienser:

- 1 baguette, skivad
- 1/3 kopp hackad basilika
- 6 tomater, tärnade
- 2 hackade vitlöksklyftor
- En nypa salt och svartpeppar.
- 1 tsk olivolja
- 1 msk balsamvinäger
- ½ tsk vitlökspulver
- matlagningsspray

Adresser:

Lägg baguetteskivor på en bakplåtspappersklädd plåt, smörj med matlagningsspray. Grädda i 10 minuter i 400 grader.

Kombinera tomaterna med basilikan och resten av ingredienserna, blanda väl och låt stå i 10 minuter. Fördela tomatblandningen på varje baguetteskiva, lägg upp alla på ett fat och servera.

Näring (per 100g): 162 Kalorier 4 g Fett 29 g Kolhydrater 4 g Protein 736 mg Natrium

Tomater fyllda med oliver och ost

Förberedelsetid: 10 minuter.

Dags att laga mat: 0 minuter

Portioner: 24

Svårighetsgrad: Lätt

Ingredienser:

- 24 körsbärstomater, toppar avskurna och insidor urtagna
- 2 matskedar olivolja
- ¼ tesked röd paprikaflingor
- ½ kopp fetaost, smulad
- 2 matskedar svart olivpasta
- ¼ kopp mynta, riven

Adresser:

Blanda i en skål olivmassan med resten av ingredienserna förutom körsbärstomaterna och vispa väl. Fyll körsbärstomaterna med denna blandning, arrangera alla i en skål och servera som förrätt.

Näring (per 100g): 136 Kalorier 8,6 g Fett 5,6 g Kolhydrater 5,1 g Protein 648 mg Natrium

paprikatapenad

Förberedelsetid: 10 minuter.

Dags att laga mat: 0 minuter

Portioner: 4

Svårighetsgrad: Lätt

Ingredienser:

- 7 uns rostad röd paprika, hackad
- ½ dl riven parmesan
- 1/3 kopp hackad persilja
- 14 uns konserverade kronärtskockor, avrunna och hackade
- 3 matskedar olivolja
- ¼ kopp kapris, avrunnen
- 1 och ½ msk citronsaft
- 2 hackade vitlöksklyftor

Adresser:

I din mixer, kombinera röd paprika med parmesan och resten av ingredienserna och pulsera väl. Dela i koppar och servera som mellanmål.

Näring (per 100g): 200 kalorier 5,6 g fett 12,4 g kolhydrater 4,6 g protein 736 mg natrium

koriander falafel

Förberedelsetid: 10 minuter.

Dags att laga mat: 10 minuter

Portioner: 8

Svårighetsgrad: Lätt

Ingredienser:

- 1 kopp konserverade kikärter
- 1 knippe bladpersilja
- 1 hackad gul lök
- 5 hackade vitlöksklyftor
- 1 tsk mald koriander
- En nypa salt och svartpeppar.
- ¼ tesked cayennepeppar
- ¼ tesked bikarbonat läsk
- ¼ tesked spiskumminpulver
- 1 tsk citronsaft.
- 3 msk tapiokamjöl
- olivolja för stekning

Adresser:

I din matberedare, kombinera bönorna med persiljan, löken och resten av ingredienserna förutom oljan och mjölet och blanda väl. Överför blandningen till en skål, tillsätt mjölet, rör om väl, forma 16 bollar av denna blandning och platta till dem något.

Värm pannan över medelhög värme, lägg till falafel, koka 5 minuter på båda sidor, lägg på hushållspapper, rinna av överflödigt fett, arrangera på fat och servera som förrätt.

Näring (per 100g): 122 Kalorier 6,2 g Fett 12,3 g Kolhydrater 3,1 g Protein 699 mg Natrium

röd paprika hummus

Förberedelsetid: 10 minuter.

Dags att laga mat: 0 minuter

Portioner: 6

Svårighetsgrad: Lätt

Ingredienser:

- 6 uns rostad röd paprika, skalad och hackad
- 16 uns konserverade kikärter, avrunna och sköljda
- ¼ kopp grekisk yoghurt
- 3 matskedar tahinipasta
- saft av 1 citron
- 3 vitlöksklyftor, hackade
- 1 msk olivolja
- En nypa salt och svartpeppar.
- 1 msk hackad persilja

Adresser:

I din köksrobot, kombinera röd paprika med resten av ingredienserna förutom oljan och persiljan och pulsa väl. Tillsätt oljan, pulsa igen, dela i koppar, strö persiljan ovanpå och servera som en festpålägg.

Näring (per 100g): 255 Kalorier 11,4 g Fett 17,4 g Kolhydrater 6,5 g Protein 593 mg Natrium

White Bean Dip

Förberedelsetid: 10 minuter.

Dags att laga mat: 0 minuter

Portioner: 4

Svårighetsgrad: Lätt

Ingredienser:

- 15 uns konserverade marinbönor, avrunna och sköljda
- 6 uns konserverade kronärtskockshjärtan, avrunna och i fjärdedelar
- 4 vitlöksklyftor, hackade
- 1 msk hackad basilika
- 2 matskedar olivolja
- Saften av ½ citron
- Rivet skal av ½ citron
- Salt och svartpeppar efter smak

Adresser:

I din köksrobot, kombinera bönorna med kronärtskockorna och resten av ingredienserna utom oljan och pulsa väl. Tillsätt gradvis olja, tryck till blandningen igen, dela i koppar och servera som en partydipp.

Näring (per 100g): 27 Kalorier 11,7 g Fett 18,5 g Kolhydrater 16,5 g Protein 668 mg Natrium

Hummus med malet lamm

Förberedelsetid: 10 minuter.

Dags att laga mat: 15 minuter

Portioner: 8

Svårighetsgrad: Lätt

Ingredienser:

- 10 uns hummus
- 12 uns malet lamm
- ½ kopp granatäpplekärnor
- ¼ kopp hackad persilja
- 1 msk olivolja
- pitabröd till servering

Adresser:

Förvärm stekpannan på medelhög värme, tillaga köttet och stek i 15 minuter, rör om ofta. Fördela hummus på ett fat, strö malet lamm över det hela, strö över granatäpplekärnor och persilja också och servera med pitabröd som mellanmål.

Näring (per 100g): 133 Kalorier 9,7 g Fett 6,4 g Kolhydrater 5,4 g Protein 659 mg Natrium

aubergine dip

Förberedelsetid: 10 minuter.

Dags att laga mat: 40 minuter

Portioner: 4

Svårighetsgrad: Lätt

Ingredienser:

- 1 aubergine hackad med en gaffel
- 2 msk tahinipasta
- 2 msk citronsaft
- 2 hackade vitlöksklyftor
- 1 msk olivolja
- Salt och svartpeppar efter smak
- 1 msk hackad persilja

Adresser:

Placera auberginen i en stekpanna, grädda vid 400 grader F i 40 minuter, kyl, skala och överför till din matberedare. Mixa resten av ingredienserna förutom persiljan, putsa väl, dela i små skålar och servera som förrätt med persiljan strös över.

Näring (per 100g):121 kalorier 4,3 g fett 1,4 g kolhydrater 4,3 g protein 639 mg natrium

grönsaksfritter

Förberedelsetid: 10 minuter.

Dags att laga mat: 10 minuter

Portioner: 8

Svårighetsgrad: Lätt

Ingredienser:

- 2 hackade vitlöksklyftor
- 2 hackade gula lökar
- 4 hackad gräslök
- 2 rivna morötter
- 2 tsk malen spiskummin
- ½ tesked gurkmejapulver
- Salt och svartpeppar efter smak
- ¼ tesked mald koriander
- 2 msk hackad persilja
- ¼ tesked citronsaft
- ½ kopp mandelmjöl
- 2 rödbetor, skalade och rivna
- 2 vispade ägg
- ¼ kopp tapiokamjöl
- 3 matskedar olivolja

Adresser:

I en skål, kombinera vitlöken med löken, vårlöken och resten av ingredienserna förutom oljan, rör om väl och forma medelstora frittor med denna blandning.

Värm stekpannan på medelhög värme, lägg frittorna, stek i 5 minuter på varje sida, lägg upp på ett fat och servera.

Näring (per 100g): 209 Kalorier 11,2 g Fett 4,4 g Kolhydrater 4,8 g Protein 726 mg Natrium

Bulgur lammköttbullar

Förberedelsetid: 10 minuter.

Dags att laga mat: 15 minuter

Portioner: 6

Svårighetsgrad: Lätt

Ingredienser:

- 1 och ½ koppar grekisk yoghurt
- ½ tesked spiskummin, mald
- 1 dl gurka, riven
- ½ tesked finhackad vitlök
- En nypa salt och svartpeppar.
- 1 dl bulgur
- 2 koppar vatten
- 1 pund lamm, malet
- ¼ kopp hackad persilja
- ¼ kopp hackad schalottenlök
- ½ tsk kryddpeppar, mald
- ½ tsk mald kanel
- 1 msk olivolja

Adresser:

Blanda bulguren med vattnet, täck skålen, låt den vila i 10 minuter, låt rinna av och lägg över i en skål. Tillsätt köttet, yoghurten och resten av ingredienserna förutom oljan, rör om väl och forma medelstora köttbullar med denna blandning. Värm upp stekpannan på medelhög värme, lägg i köttbullarna, koka dem i 7 minuter på varje sida, arrangera dem alla på ett fat och servera som förrätt.

Näring (per 100g): 300 kalorier 9,6 g Fett 22,6 g Kolhydrater 6,6 g Protein 644 mg Natrium

gurkbett

Förberedelsetid: 10 minuter.

Dags att laga mat: 0 minuter

Portioner: 12

Svårighetsgrad: Lätt

Ingredienser:

- 1 engelsk gurka, skuren i 32 skivor
- 10 uns hummus
- 16 körsbärstomater, halverade
- 1 msk hackad persilja
- 1 uns fetaost, smulad

Adresser:

Bred hummus på varje gurkrund, dela tomathalvor på varje, strö över ost och persilja och servera som förrätt.

Näring (per 100g): 162 Kalorier 3,4 g Fett 6,4 g Kolhydrater 2,4 g Protein 702 mg Natrium

Fylld avokado

Förberedelsetid: 10 minuter.

Dags att laga mat: 0 minuter

Portioner: 2

Svårighetsgrad: Lätt

Ingredienser:

- 1 avokado, halverad och urkärnad
- 10 uns konserverad tonfisk, avrunnen
- 2 msk soltorkade tomater, hackade
- 1 och ½ msk basilikapesto
- 2 msk svarta oliver, urkärnade och hackade
- Salt och svartpeppar efter smak
- 2 tsk rostade och hackade pinjenötter
- 1 msk hackad basilika

Adresser:

Blanda tonfisken med de soltorkade tomaterna och resten av ingredienserna förutom avokadon och rör om. Fyll avokadohalvorna med tonfiskblandningen och servera som förrätt.

Näring (per 100g): 233 Kalorier 9 g Fett 11,4 g Kolhydrater 5,6 g Protein 735 mg Natrium

inslagna plommon

Förberedelsetid: 5 minuter.

Dags att laga mat: 0 minuter

Portioner: 8

Svårighetsgrad: Lätt

Ingredienser:

- 2 uns prosciutto, skuren i 16 bitar
- 4 plommon, i fjärdedelar
- 1 msk hackad gräslök
- En nypa krossade rödpepparflingor

Adresser:

Slå in varje plommonfjärdedel i en skiva prosciutto, lägg upp alla på ett fat, strö gräslök och pepparflingor över och servera.

Näring (per 100g): 30 kalorier 1 g fett 4 g kolhydrater 2 g protein 439 mg natrium

Marinerad fetaost och kronärtskockor

Förberedelsetid: 10 minuter, plus 4 timmars inaktivitet

Dags att laga mat: 10 minuter

Portioner: 2

Svårighetsgrad: Lätt

Ingredienser:

- 4 uns traditionell grekisk fetaost, skuren i ½-tums kuber
- 4 uns avrunna kronärtskockshjärtan, i fjärdedelar på längden
- 1/3 kopp extra virgin olivolja
- Skal och saft av 1 citron
- 2 msk grovhackad färsk rosmarin
- 2 msk hackad färsk persilja
- ½ tsk svartpepparkorn

Adresser:

I en glasskål, kombinera feta- och kronärtskockshjärtan. Tillsätt olivolja, citronskal och -saft, rosmarin, persilja och pepparkorn och blanda försiktigt till pälsen, se till att inte smula fetaosten.

Låt svalna i 4 timmar eller upp till 4 dagar. Ta ut ur kylen 30 minuter före servering.

Näring (per 100g): 235 Kalorier 23 g Fett 1 g Kolhydrater 4 g Protein 714 mg Natrium

Tonfiskkroketter

Förberedelsetid: 40 minuter, plus timmar att stanna över natten för att svalna

Dags att laga mat: 25 minuter

Portioner: 36

Svårighetsgrad: Svår

Ingredienser:

- 6 matskedar extra virgin olivolja, plus 1 till 2 koppar
- 5 matskedar mandelmjöl, plus 1 kopp, uppdelat
- 1¼ koppar tung grädde
- 1 burk (4 uns) gulfenad tonfisk packad i olivolja
- 1 msk hackad rödlök
- 2 tsk hackad kapris
- ½ tsk torkad dill
- ¼ tesked nymalen svartpeppar
- 2 stora ägg
- 1 kopp panko ströbröd (eller en glutenfri version)

Adresser:

Värm 6 matskedar av olivoljan i en stor stekpanna på medelhög värme. Tillsätt 5 matskedar av mandelmjölet och koka under konstant omrörning tills en slät pasta bildas och mjölet är lätt brynt, 2 till 3 minuter.

Välj värme till medelhög och vispa gradvis i den tunga grädden, vispa hela tiden tills den är helt slät och tjock, ytterligare 4 till 5 minuter. Ta bort och tillsätt tonfisk, rödlök, kapris, dill och peppar.

Överför blandningen till en 8-tums fyrkantig ugnsform som är väl belagd med olivolja och ställ åt sidan vid rumstemperatur. Slå in och kyl i 4 timmar eller upp till över natten. För att forma kroketterna, arrangera tre skålar. Vispa äggen i en. I en annan, tillsätt det återstående mandelmjölet. I den tredje, tillsätt panko. Klä en plåt med bakplåtspapper.

Häll ner en matsked kallberedd deg i mjölblandningen och rulla till beläggning. Skaka av överskottet och rulla med händerna till en oval form.

Doppa kroketten i det uppvispade ägget och täck sedan lätt med panko. Lägg på en bakplåtspappersklädd plåt och upprepa med resten av degen.

Värm de återstående 1 till 2 kopparna olivolja på medelhög värme i en liten kastrull.

När oljan är uppvärmd, stek kroketterna 3 eller 4 åt gången, beroende på storleken på din panna, ta bort dem med en hålslev när de är gyllenbruna. Du kommer att behöva justera temperaturen på oljan då och då för att förhindra bränning. Om kroketterna mörknar väldigt snabbt, sänk temperaturen.

Näring (per 100g): 245 kalorier 22 g Fett 1 g Kolhydrater 6 g Protein 801 mg Natrium

Rökt lax crudités

Förberedelsetid: 10 minuter.

Dags att laga mat: 15 minuter

Portioner: 4

Svårighetsgrad: Lätt

Ingredienser:

- 6 uns rökt vild lax
- 2 msk rostad vitlöksaioli
- 1 msk dijonsenap
- 1 msk hackad gräslök, endast gröna delar
- 2 tsk hackad kapris
- ½ tsk torkad dill
- 4 st endivespjut eller romansalladshjärtan
- ½ engelsk gurka, skuren i ¼-tums tjocka skivor

Adresser:

Skär den rökta laxen i stora bitar och överför till en liten skål. Tillsätt aioli, dijon, gräslök, kapris och dill och blanda väl. Toppa endivestjälkarna och gurkskivorna med en matsked av den rökta laxblandningen och njut av kyld.

Näring (per 100g): 92 Kalorier 5 g Fett 1 g Kolhydrater 9 g Protein 714 mg Natrium

Citrusmarinerade oliver

Förberedelsetid: 4 timmar.

Dags att laga mat: 0 minuter

Portioner: 2

Svårighetsgrad: Lätt

Ingredienser:

- 2 koppar urkärnade blandade gröna oliver
- ¼ kopp rödvinsvinäger
- ¼ kopp extra virgin olivolja
- 4 vitlöksklyftor fint hackade
- Skal och saft av 1 stor apelsin
- 1 tsk röd paprikaflingor
- 2 lagerblad
- ½ tsk malen spiskummin
- ½ tsk mald kryddpeppar

Adresser:

Tillsätt oliver, vinäger, olja, vitlök, apelsinskal och juice, rödpepparflingor, lagerblad, spiskummin och kryddpeppar och blanda väl. Förslut och kyl i 4 timmar eller upp till en vecka för att låta oliverna marinera, rör om igen innan servering.

Näring (per 100g): 133 Kalorier 14 g Fett 2 g Kolhydrater 1 g Protein 714 mg Natrium

Olivtapenad med ansjovis

Förberedelsetid: 1 timme och 10 minuter

Dags att laga mat: 0 minuter

Portioner: 2

Svårighetsgrad: genomsnittlig

Ingredienser:

- 2 koppar urkärnade Kalamata-oliver eller andra svarta oliver
- 2 hackade ansjovisfiléer
- 2 tsk hackad kapris
- 1 vitlöksklyfta finhackad
- 1 kokt äggula
- 1 tsk dijonsenap
- ¼ kopp extra virgin olivolja
- Frökex, runda mångsidiga snacks eller grönsaker, för servering (valfritt)

Adresser:

Skölj oliverna i kallt vatten och låt rinna av väl. Placera de avrunna oliverna, ansjovis, kapris, vitlök, äggula och dijon i en matberedare, mixer eller en stor kanna (om du använder en mixer). Bearbeta för att bilda en tjock pasta. När du springer, tillsätt gradvis olivoljan.

Lägg i en liten skål, täck över och kyl i minst 1 timme för att smakerna ska utvecklas. Servera med fröade kex, ovanpå en mångsidig rund smörgås eller med dina knapriga favoritgrönsaker.

Näring (per 100g): 179 Kalorier 19 g Fett 2 g Kolhydrater 2 g Protein 82 mg Natrium

Grekiska Deviled ägg

Förberedelsetid: 45 minuter.

Dags att laga mat: 15 minuter

Portioner: 4

Svårighetsgrad: Lätt

Ingredienser:

- 4 stora hårdkokta ägg
- 2 msk rostad vitlöksaioli
- ½ dl fint smulad fetaost
- 8 urkärnade Kalamata-oliver, finhackade
- 2 msk hackade soltorkade tomater
- 1 msk hackad rödlök
- ½ tsk torkad dill
- ¼ tesked nymalen svartpeppar

Adresser:

Halvera hårdkokta ägg på längden, ta bort äggulorna och lägg äggulorna i en medelstor skål. Spara äggvitehalvorna och ställ åt sidan. Mosa äggulorna väl med en gaffel. Tillsätt aioli, fetaost, oliver, soltorkade tomater, lök, dill och peppar och rör om tills det är slätt och krämigt.

Häll fyllningen i varje äggvitehalva och kyl i 30 minuter, eller upp till 24 timmar, täckt.

Näring (per 100g): 147 Kalorier 11 g Fett 6 g Kolhydrater 9 g Protein 736 mg Natrium

Manchegankakor

Förberedelsetid: 1 timme och 15 minuter

Dags att laga mat: 15 minuter

Portioner: 20

Svårighetsgrad: Svår

Ingredienser:

- 4 matskedar smör, i rumstemperatur
- 1 dl finriven Manchegoost
- 1 dl mandelmjöl
- 1 tsk salt, delat
- ¼ tesked nymalen svartpeppar
- 1 stort ägg

Adresser:

Med en elektrisk mixer, vispa smör och riven ost tills det är väl blandat och slätt. Tillsätt mandelmjölet med ½ tesked salt och peppar. Tillsätt gradvis mandelmjölsblandningen till osten, blanda hela tiden tills degen går ihop till en boll.

Lägg en bit pergament eller plastfolie och rulla till en cylindrisk stock ca 1½ tum tjock. Förslut tätt och frys sedan i minst 1 timme. Värm ugnen till 350 ° F. Lägg bakplåtspapper eller bakmattor av silikon på 2 bakplåtar.

För att göra det uppvispade ägget, vispa ägget och den återstående ½ teskeden salt. Skär den kylda degen i små skivor, cirka ¼-tums tjocka, och lägg på klädda bakplåtar.

Äggtvätta toppen av kakorna och grädda tills kakorna är gyllenbruna och krispiga. Lägg på galler för att svalna.

Servera varm eller, när den är helt sval, förvara i en lufttät behållare i kylen i upp till 1 vecka.

Näring (per 100g): 243 Kalorier 23 g Fett 1 g Kolhydrater 8 g Protein 804 mg Natrium

Burrata Caprese Stack

Förberedelsetid: 5 minuter.

Dags att laga mat: 0 minuter

Portioner: 4

Svårighetsgrad: Lätt

Ingredienser:

- 1 stor ekologisk tomat, gärna arvegods
- ½ tsk salt
- ¼ tesked nymalen svartpeppar
- 1 boll (4 uns) burrataost
- 8 färska basilikablad, tunt skivade
- 2 matskedar extra virgin olivolja
- 1 msk rödvin eller balsamvinäger

Adresser:

Skär tomaten i 4 tjocka skivor, ta bort mitten av den hårda mitten och strö över salt och peppar. Lägg upp tomaterna med den kryddade sidan uppåt på en tallrik. Skär burratan i 4 tjocka skivor på en separat kantad tallrik och lägg en skiva ovanpå varje tomatskiva. Toppa var och en med en fjärdedel av basilikan och häll den reserverade burrata-krämen från den kantade tallriken ovanpå.

Ringla över olivolja och vinäger och servera med gaffel och kniv.

Näring (per 100g):153 Kalorier 13 g Fett 1 g Kolhydrater 7 g Protein 633 mg Natrium

Zucchini och Ricotta Fritters med Citron Vitlök Aioli

Förberedelsetid: 10 minuter plus 20 minuters paus

Dags att laga mat: 25 minuter

Portioner: 4

Svårighetsgrad: Svår

Ingredienser:

- 1 stor eller 2 små/medelstora zucchini
- 1 tsk salt, delat
- ½ kopp helmjölksricottaost
- 2 vårlökar
- 1 stort ägg
- 2 vitlöksklyftor fint hackade
- 2 msk hackad färsk mynta (valfritt)
- 2 tsk citronskal
- ¼ tesked nymalen svartpeppar
- ½ kopp mandelmjöl
- 1 tsk bakpulver
- 8 matskedar extra virgin olivolja
- 8 matskedar rostad vitlöksaioli eller avokadoolja majonnäs

Adresser:

Lägg den rivna zucchinin i ett durkslag eller på flera lager hushållspapper. Strö över ½ tesked salt och låt stå i 10 minuter. Använd ett annat lager hushållspapper, tryck på zucchini för att släppa ut överflödig fukt och klappa torrt. Rör ner den avrunna zucchinin, ricotta, gräslök, ägg, vitlök, mynta (om du använder), citronskal, återstående ½ tsk salt och peppar.

Vispa mandelmjöl och bakpulver. Vänd ner mjölblandningen i zucchiniblandningen och låt den vila i 10 minuter. I en stor stekpanna, arbeta i fyra omgångar, stek fritterna. För varje sats om fyra, värm 2 matskedar av olivoljan på medelhög värme. Tillsätt 1 råga matsked zucchinismet per fritter, tryck med baksidan av en sked för att bilda 2- till 3-tums fritter. Täck över och låt steka 2 minuter innan du vänder. Stek ytterligare 2 till 3 minuter, täckt, eller tills de är knapriga, gyllenbruna och genomstekta. Du kan behöva sänka värmen till medel för att undvika brännskador. Ta bort från pannan och håll varmt.

Upprepa för de återstående tre satserna, använd 2 matskedar olivolja för varje sats. Servera frittorna varma med aioli.

Näring (per 100g): 448 Kalorier 42 g Fett 2 g Kolhydrater 8 g Protein 744 mg Natrium

Laxfyllda gurkor

Förberedelsetid: 10 minuter.

Dags att laga mat: 0 minuter

Portioner: 4

Svårighetsgrad: Lätt

Ingredienser:

- 2 stora gurkor, skalade
- 1 burk (4 uns) sockeye lax
- 1 mycket mogen medium avokado
- 1 matsked extra virgin olivolja
- Skal och saft av 1 lime
- 3 matskedar hackad färsk koriander
- ½ tsk salt
- ¼ tesked nymalen svartpeppar

Adresser:

Skär gurkan i 1-tums tjocka klyftor och skrapa ut fröna från mitten av varje segment med en sked och lägg på en tallrik. I en medelstor skål, kombinera lax, avokado, olivolja, limeskal och juice, koriander, salt och peppar och blanda tills det är krämigt.

Placera laxblandningen i mitten av varje gurksegment och servera kallt.

Näring (per 100g): 159 Kalorier 11 g Fett 3 g Kolhydrater 9 g Protein 739 mg Natrium

Getost och makrillpaté

Förberedelsetid: 10 minuter.

Dags att laga mat: 0 minuter

Portioner: 4

Svårighetsgrad: Lätt

Ingredienser:

- 4 uns vild makrill packad i olivolja
- 2 uns getost
- Skal och saft av 1 citron
- 2 msk hackad färsk persilja
- 2 msk hackad färsk ruccola
- 1 matsked extra virgin olivolja
- 2 tsk hackad kapris
- 1 till 2 teskedar färsk pepparrot (valfritt)
- Kex, gurkskivor, endive eller selleri, för servering (valfritt)

Adresser:

Kombinera makrill, getost, citronskal och saft, persilja, ruccola, olivolja, kapris och pepparrot (om du använder det) i en matberedare, mixer eller stor skål med en stavmixer. Bearbeta eller blanda tills den är slät och krämig.

Servera med kex, gurkskivor, endive eller selleri. Förslut täckt i kylen i upp till 1 vecka.

Näring (per 100g): 118 Kalorier 8 g Fett 6 g Kolhydrater 9 g Protein 639 mg Natrium

Smak av medelhavsfettbomber

Förberedelsetid: 4 timmar och 15 minuter

Dags att laga mat: 0 minuter

Portioner: 6

Svårighetsgrad: genomsnittlig

Ingredienser:

- 1 dl smulad getost
- 4 matskedar burkpesto
- 12 urkärnade Kalamata-oliver, finhackade
- ½ kopp finhackade valnötter
- 1 msk hackad färsk rosmarin

Adresser:

I en medelstor skål, vispa ihop getost, pesto och oliver och blanda väl med en gaffel. Frys i 4 timmar för att stelna.

Använd dina händer och rulla blandningen till 6 bollar, cirka ¾ tum i diameter. Blandningen blir klibbig.

I en liten skål, lägg valnötterna och rosmarin och rulla getostbollarna i valnötsblandningen för att täcka. Förvara fettbomber i kylen i upp till 1 vecka eller i frysen i upp till 1 månad.

Näring (per 100g): 166 kalorier 15 g Fett 1 g Kolhydrater 5 g Protein 736 mg Natrium

Avokado Gazpacho

Förberedelsetid: 15 minuter.

Dags att laga mat: 10 minuter

Portioner: 4

Svårighetsgrad: Lätt

Ingredienser:

- 2 koppar hackade tomater
- 2 stora mogna avokado, halverade och urkärnade
- 1 stor gurka, skalad och kärnad
- 1 medelstor paprika (röd, orange eller gul), hackad
- 1 dl grekisk helmjölksyoghurt
- ¼ kopp extra virgin olivolja
- ¼ kopp hackad färsk koriander
- ¼ kopp hackad vårlök, endast grön del
- 2 matskedar rödvinsvinäger
- Saft av 2 lime eller 1 citron
- ½ till 1 tsk salt
- ¼ tesked nymalen svartpeppar

Adresser:

Använd en stavmixer och kombinera tomater, avokado, gurka, paprika, yoghurt, olivolja, koriander, salladslök, vinäger och limejuice. Blanda tills det är slätt.

Krydda och blanda för att kombinera smakerna. Servera kall.

Näring (per 100g): 392 Kalorier 32 g Fett 9 g Kolhydrater 6 g Protein 694 mg Natrium

Krabbkaka Salladskoppar

Förberedelsetid: 35 minuter.

Dags att laga mat: 20 minuter

Portioner: 4

Svårighetsgrad: genomsnittlig

Ingredienser:

- 1 pund jättekrabba
- 1 stort ägg
- 6 msk rostad vitlöksaioli
- 2 msk dijonsenap
- ½ kopp mandelmjöl
- ¼ kopp hackad rödlök
- 2 tsk rökt paprika
- 1 tsk sellerisalt
- 1 tsk vitlökspulver
- 1 tsk torkad dill (valfritt)
- ½ tsk nymalen svartpeppar
- ¼ kopp extra virgin olivolja
- 4 stora Bibb-salladsblad, tjocka taggar borttagna

Adresser:

Lägg krabbaköttet i en stor skål och gröp ur alla synliga skal, bryt sedan upp köttet med en gaffel. Vispa ihop ägget, 2 matskedar aioli och dijonsenap i en liten skål. Lägg till krabbaköttet och blanda med en gaffel. Tillsätt mandelmjöl, rödlök, paprika, sellerisalt, vitlökspulver, dill (om du använder) och peppar och blanda väl. Låt stå i rumstemperatur i 10 till 15 minuter.

Forma till 8 små kakor, ca 2 tum i diameter. Koka olivoljan på medelhög värme. Stek kakorna tills de är gyllenbruna, 2 till 3 minuter per sida. Slå in, sänk värmen till låg och koka i ytterligare 6 till 8 minuter, eller tills den stelnat i mitten. Ta bort från pannan.

För att servera, slå in 2 små krabbakakor i varje salladsblad och toppa med 1 msk aioli.

Näring (per 100g):344 Kalorier 24 g Fett 2 g Kolhydrater 24 g Protein 804 mg Natrium

Dragon Orange Kyckling Sallad Wrap

Förberedelsetid: 15 minuter.

Dags att laga mat: 0 minuter

Portioner: 4

Svårighetsgrad: Lätt

Ingredienser:

- ½ dl grekisk helmjölksyoghurt
- 2 msk dijonsenap
- 2 matskedar extra virgin olivolja
- 2 msk färsk dragon
- ½ tsk salt
- ¼ tesked nymalen svartpeppar
- 2 koppar tillagad strimlad kyckling
- ½ kopp hackad mandel
- 4 till 8 stora Bibb-sallatsblad, den hårda stjälken borttagen
- 2 små mogna avokado, skalade och tunt skivade
- Skal av 1 clementin eller ½ liten apelsin (ca 1 matsked)

Adresser:

I en medelstor skål, kombinera yoghurt, senap, olivolja, dragon, apelsinskal, salt och peppar och vispa tills det är krämigt. Tillsätt strimlad kyckling och mandel och rör om.

För att montera omslagen, placera cirka ½ kopp av kycklingsalladsblandningen i mitten av varje salladsblad och toppa med avokadoskivor.

Näring (per 100g): 440 kalorier 32g l Fett 8g Kolhydrater 26g Protein 607mg Natrium

Svamp fyllda med fetaost och quinoa

Förberedelsetid: 5 minuter.

Dags att laga mat: 8 minuter

Portioner: 6

Svårighetsgrad: genomsnittlig

Ingredienser:

- 2 msk finhackad röd paprika
- 1 finhackad vitlöksklyfta
- ¼ kopp kokt quinoa
- 1/8 tsk salt
- ¼ tesked torkad oregano
- 24 svampar, stjälkade
- 2 uns smulad fetaost
- 3 matskedar fullkornsbrödsmulor
- olivolja spray för matlagning

Adresser:

Förvärm fritös till 360 ° F. Blanda paprika, vitlök, quinoa, salt och oregano i en liten skål. Häll quinoafyllningen i svamplocken tills den precis är fylld. Lägg en liten bit fetaost på toppen av varje svamp. Strö en nypa ströbröd över fetaosten på varje svamp.

Klä frityrkorgen med matlagningsspray och lägg sedan försiktigt svamparna i korgen, se till att de inte rör vid varandra.

Placera korgen i airfryern och grädda i 8 minuter. Ta ur fritösen och servera.

Näring (per 100g): 97 Kalorier 4 g Fett 11 g Kolhydrater 7 g Protein 677 mg Natrium

Fem ingrediens falafel med vitlök och yoghurtsås

Förberedelsetid: 5 minuter.

Dags att laga mat: 15 minuter

Portioner: 4

Svårighetsgrad: Svår

Ingredienser:

- <u>Till falafeln</u>
- 1 (15-ounce) burk kikärter, avrunna och sköljda
- ½ kopp färsk persilja
- 2 hackade vitlöksklyftor
- ½ msk mald spiskummin
- 1 msk fullkornsvetemjöl
- Salt
- <u>Till vitlöken och yoghurtsåsen</u>
- 1 kopp fettfri vanlig grekisk yoghurt
- 1 finhackad vitlöksklyfta
- 1 msk hackad färsk dill
- 2 msk citronsaft

Adresser:

För att göra falafel

Värm fritös till 360 ° F. Lägg kikärter i en matberedare. Pulsera tills nästan hackad, tillsätt sedan persilja, vitlök och spiskummin och pulsa ytterligare några minuter tills ingredienserna blir en deg.

Tillsätt mjölet. Pulsera några gånger till tills det blandas. Smeten blir texturerad, men kikärtorna måste krossas i små bitar. Rulla degen till 8 lika stora bollar med rena händer och knacka sedan lätt på bollarna så att de blir cirka ½ tjocka skivor.

Klä frityrkorgen med matlagningsspray och lägg sedan falafelbiffarna i korgen i ett enda lager, se till att de inte rör vid varandra. Stek i fritösen i 15 minuter.

För att göra vitlök och yoghurtsås

Blanda yoghurt, vitlök, dill och citronsaft. När falafeln är klar att tillagas och fått fin färg på alla sidor, ta bort den från fritösen och smaka av med salt. Servera den varma sidan av såsen till doppning.

Näring (per 100g): 151 Kalorier 2 g Fett 10 g Kolhydrater 12 g Protein 698 mg Natrium

Citronräkor med vitlök olivolja

Förberedelsetid: 5 minuter

Dags att laga mat: 6 minuter

Portioner: 4

Svårighetsgrad: genomsnittlig

Ingredienser:

- 1 pund medelstora räkor, rensade och deveirade
- ¼ kopp plus 2 msk olivolja, uppdelad
- Saften av ½ citron
- 3 vitlöksklyftor hackade och delade
- ½ tsk salt
- ¼ tesked röd paprikaflingor
- Citronklyftor, att servera (valfritt)
- Marinarasås, för doppning (valfritt)

Adresser:

Förvärm fritös till 380 ° F. Tillsätt räkor med 2 msk olivolja, citronsaft, 1/3 hackad vitlök, salt och rödpepparflingor och täck väl.

I en liten panna, kombinera den återstående ¼ koppen olivolja och den återstående hackade vitlöken. Riv av ett 12 x 12-tums (30 x 30 cm) ark av aluminiumfolie. Ordna räkorna i mitten av folien, vik sedan upp sidorna och böj kanterna så att de bildar en folieskål som är öppen upptill. Lägg detta paket i fritöskorgen.

Grilla räkorna i 4 minuter, öppna sedan fritösen och lägg ramekin med olja och vitlök i korgen bredvid räkpaketet. Koka i ytterligare 2 minuter. Överför räkorna till en serveringsfat eller tallrik med vitlöksolivoljekastrullen på sidan för doppning. Du kan även servera med citronklyftor och marinarasås om du vill.

Näring (per 100g): 264 Kalorier 21 g Fett 10 g Kolhydrater 16 g Protein 473 mg Natrium

Krispiga gröna bönfrites med citronyoghurtdipp

Förberedelsetid: 5 minuter.

Dags att laga mat: 5 minuter

Portioner: 4

Svårighetsgrad: genomsnittlig

Ingredienser:

- <u>För de gröna bönorna</u>
- 1 ägg
- 2 matskedar vatten
- 1 msk fullkornsvetemjöl
- ¼ tesked paprika
- ½ tsk vitlökspulver
- ½ tsk salt
- ¼ kopp fullkornsbrödsmulor
- ½ pund hela gröna bönor
- <u>Till citron- och yoghurtsåsen</u>
- ½ kopp fettfri vanlig grekisk yoghurt
- 1 msk citronsaft
- ¼ tesked salt
- 1/8 tsk cayennepeppar

Adress:

För att göra de gröna bönorna

Förvärm fritös till 380°F.

I en medelgrund skål, kombinera ägget och vattnet tills det skummar. I en annan grund, medelstor skål, vispa ihop mjöl, paprika, vitlökspulver och salt och blanda sedan i ströbrödet.

Belägg botten av fritösen med matlagningsspray. Doppa varje gröna böna i äggblandningen, sedan i ströbrödsblandningen, täck utsidan med smulorna. Ordna de gröna bönorna i ett enda lager i botten av fritöskorgen.

Stek i fritösen i 5 minuter eller tills paneringen är gyllene.

För att göra citron- och yoghurtsåsen

Rör ner yoghurt, citronsaft, salt och cayennepeppar. Servera pommes frites med gröna bönor tillsammans med citronyoghurtdippen som mellanmål eller förrätt.

Näring (per 100g): 88 kalorier 2 g fett 10 g kolhydrater 7 g protein 697 mg natrium

Hemgjorda havssalt Pita Chips

Förberedelsetid: 2 minuter.

Dags att laga mat: 8 minuter

Portioner: 2

Svårighetsgrad: Lätt

Ingredienser:

- 2 helvete pitas
- 1 msk olivolja
- ½ tsk kosher salt

Adresser

Förvärm fritös till 360 ° F. Skär varje pitabröd i 8 klyftor. I en medelstor skål, blanda pitablyftorna, olivolja och salt tills klyftorna är belagda och olivoljan och saltet är jämnt fördelat.

Lägg pitabrödskivorna i air fryer-korgen i ett jämnt lager och stek i 6 till 8 minuter.

Smaka av med ytterligare salt om så önskas. Servera ensam eller med din favoritsås.

Näring (per 100g): 230 Kalorier 8 g Fett 11 g Kolhydrater 6 g Protein 810 mg Natrium

Bakad Spanakopita Dip

Förberedelsetid: 10 minuter.

Dags att laga mat: 15 minuter

Portioner: 2

Svårighetsgrad: genomsnittlig

Ingredienser:

- olivolja spray för matlagning
- 3 msk olivolja, delad
- 2 msk hackad vitlök
- 2 hackade vitlöksklyftor
- 4 koppar färsk spenat
- 4 uns färskost, mjukad
- 4 uns fetaost, uppdelad
- Skal av 1 citron
- ¼ tesked mald muskotnöt
- 1 tsk torkad dill
- ½ tsk salt
- Pitabröd, morotsstavar eller skivat bröd för servering (valfritt)

Adresser:

Förvärm fritös till 360 ° F. Bestryk insidan av 6-tums bakform med nonstick-spray.

I en stor stekpanna på medelvärme, värm 1 matsked av olivoljan. Tillsätt löken och koka sedan i 1 minut. Tillsätt vitlöken och koka under omrörning i 1 minut till.

Sänk värmen och blanda spenaten och vattnet. Koka tills spenaten mjuknar. Ta bort pannan från värmen. I en medelstor skål, vispa ihop färskosten, 2 uns av fetaosten och resten av olivoljan, citronskal, muskotnöt, dill och salt. Blanda tills det blandas.

Lägg grönsakerna till ostbasen och rör om tills de precis blandat sig. Häll såsblandningen i den förberedda pannan och toppa med de återstående 2 unsen fetaost.

Lägg såsen i fritöskorgen och koka i 10 minuter, eller tills den är genomvärmd och bubblig. Servera med pitabröd, morotsstavar eller skivat bröd.

Näring (per 100g): 550 Kalorier 52 g Fett 21 g Kolhydrater 14 g Protein 723 mg Natrium

Rostad pärllöksdip

Förberedelsetid: 5 minuter.

Dags att laga mat: 12 minuter plus 1 timme för att svalna

Portioner: 4

Svårighetsgrad: genomsnittlig

Ingredienser:

- 2 dl skalad pärllök
- 3 vitlöksklyftor
- 3 msk olivolja, delad
- ½ tsk salt
- 1 kopp fettfri vanlig grekisk yoghurt
- 1 msk citronsaft
- ¼ tesked svartpeppar
- 1/8 tsk röd paprikaflingor
- Pitachips, grönsaker eller rostat bröd för servering (valfritt)

Adresser:

Förvärm airfryer till 360 ° F. I en stor skål, kombinera pärllök och vitlök med 2 matskedar olivolja tills löken är väl belagd.

Häll vitlök- och lökblandningen i air fryer-korgen och grilla i 12 minuter. Lägg vitlöken och löken i en matberedare. Pulsera grönsakerna några gånger, tills löken är hackad men fortfarande har några bitar.

Tillsätt vitlöken och löken och den återstående matskeden olivolja, tillsammans med salt, yoghurt, citronsaft, svartpeppar och rödpepparflingor. Kyl i 1 timme innan servering med pitabröd, grönsaker eller rostat bröd.

Näring (per 100g): 150 kalorier 10 g Fett 6 g Kolhydrater 7 g Protein 693 mg Natrium

röd paprika tapenade

Förberedelsetid: 5 minuter.

Dags att laga mat: 5 minuter

Portioner: 4

Svårighetsgrad: genomsnittlig

Ingredienser:

- 1 stor röd paprika
- 2 matskedar plus 1 tesked olivolja
- ½ kopp Kalamata-oliver, urkärnade och hackade
- 1 finhackad vitlöksklyfta
- ½ tsk torkad oregano
- 1 msk citronsaft

Adresser:

Värm airfryer till 380 ° F. Pensla utsidan av en hel röd paprika med 1 tsk olivolja och placera inuti airfryerkorgen. Grilla i 5 minuter.

Under tiden, i en medelstor skål, vispa ihop de återstående 2 msk olivolja med oliver, vitlök, oregano och citronsaft.

Ta bort den röda paprikan från fritösen, skär sedan försiktigt av stjälken och ta bort fröna. Hacka den rostade paprikan i små bitar.

Tillsätt röd paprika till olivblandningen och rör ihop allt tills det precis blandas. Servera med pitabröd, kex eller knaprigt bröd.

Näring (per 100g): 104 kalorier 10 g Fett 9 g Kolhydrater 1 g Protein 644 mg Natrium

Grekiskt potatisskal med oliver och fetaost

Förberedelsetid: 5 minuter.

Dags att laga mat: 45 minuter

Portioner: 4

Svårighetsgrad: Svår

Ingredienser:

- 2 rödaktiga potatisar
- 3 matskedar olivolja
- 1 tsk koshersalt, uppdelat
- ¼ tesked svartpeppar
- 2 msk färsk koriander
- ¼ kopp Kalamata-oliver, tärnade
- ¼ kopp smulad fetaost
- Hackad färsk persilja, att dekorera (valfritt)

Adresser:

Förvärm fritösen till 380 ° F. Använd en gaffel, stick 2 till 3 hål i potatisen och täck dem sedan med cirka ½ matsked olivolja och ½ tsk salt.

Lägg potatisen i airfryer-korgen och grädda i 30 minuter. Ta bort potatisen från fritösen och skär den på mitten. Skrapa bort köttet ur potatisen med en sked, lämna ett ½-tums lager potatis inuti skalet och ställ åt sidan.

I en medelstor skål, kombinera potatishalvorna med de återstående 2 msk olivolja, ½ tesked salt, svartpeppar och koriander. Blanda tills det är väl blandat. Dela potatisfyllningen i de nu tomma potatisskalen, fördela den jämnt över dem. Toppa varje potatis med en matsked oliver och fetaost.

Lägg tillbaka de laddade potatisskalen i luftfritösen och grädda i 15 minuter. Servera med ytterligare hackad koriander eller persilja och en klick olivolja, om så önskas.

Näring (per 100g): 270 kalorier 13 g fett 34 g kolhydrater 5 g protein 672 mg natrium

Kronärtskocka och oliv Pitabröd

Förberedelsetid: 5 minuter.

Dags att laga mat: 10 minuter

Portioner: 4

Svårighetsgrad: Lätt

Ingredienser:

- 2 helvete pitas
- 2 msk olivolja, delad
- 2 hackade vitloksklyftor
- ¼ tesked salt
- ½ kopp konserverade kronärtskockshjärtan, skivade
- ¼ kopp Kalamata oliver
- ¼ kopp riven parmesanost
- ¼ kopp smulad fetaost
- Hackad färsk persilja, att dekorera (valfritt)

Adresser:

Värm fritös till 380 ° F. Pensla varje pitabröd med 1 msk olivolja, strö sedan hackad vitlök och salt ovanpå.

Fördela kronärtskockshjärtan, oliver och ostar jämnt mellan de två pitaborna och lägg båda i airfryern för att grädda i 10 minuter. Ta bort pitas och skär i 4 bitar vardera före servering. Strö persilja på toppen, om så önskas.

Näring (per 100g): 243 Kalorier 15 g Fett 10 g Kolhydrater 7 g Protein 644 mg Natrium

Kycklingfestsallad

Förberedelsetid: 20 minuter.

Dags att laga mat: 20 minuter

Portioner: 4

Svårighetsgrad: Lätt

Ingredienser:

- 2 benfria skinnfria kycklingfiléhalvor
- 1 paket fajita örter, uppdelade
- 1 matsked vegetabilisk olja
- 1 burk svarta bönor, sköljda och avrunna
- 1 låda elote a la mexicana
- 1/2 kopp sås
- 1 paket grönsallad
- 1 hackad lök
- 1 tomat, skuren i fjärdedelar

Adresser:

Gnid in kycklingen jämnt med hälften av fajita-örterna. Koka oljan i en stekpanna på medelhög värme och koka kycklingen i 8 minuter sida vid sida eller tills saften är klar; Lägg åtsidan.

Kombinera bönor, majs, salsa och ytterligare 1/2 fajita krydda i en stor stekpanna. Värm på medelvärme tills det är ljummet.

Förbered salladen genom att blanda grönt, lök och tomat. Toppa kycklingsalladen och klä med bön- och majsblandningen.

Näring (per 100g): 311 kalorier 6,4 g fett 42,2 g kolhydrater 23 g protein 853 mg natrium

Majs och svarta bönor sallad

Förberedelsetid: 10 minuter.

Dags att laga mat: 0 minuter

Portioner: 4

Svårighetsgrad: Lätt

Ingredienser:

- 2 matskedar vegetabilisk olja
- 1/4 kopp balsamvinäger
- 1/2 tsk salt
- 1/2 tsk vitt socker
- 1/2 tsk malen spiskummin
- 1/2 tsk mald svartpeppar
- 1/2 tsk chilipulver
- 3 matskedar hackad färsk koriander
- 1 burk svarta bönor (15 oz)
- 1 burk (8,75 oz) sötad majs, avrunnen

Adresser:

Kombinera balsamvinäger, olja, salt, socker, svartpeppar, spiskummin och chilipulver i en liten skål. Kombinera svart majs och bönor i en medelstor skål. Blanda med vinägrett och oljevinägrett och garnera med koriander. Täck över och kyl över natten.

Näring (per 100g):214 kalorier 8,4 g fett 28,6 g kolhydrater 7,5 g protein 415 mg natrium

fantastisk pastasallad

Förberedelsetid: 30 minuter.

Dags att laga mat: 10 minuter

Portioner: 16

Svårighetsgrad: genomsnittlig

Ingredienser:

- 1 paket fusilli pasta (16 oz)
- 3 koppar körsbärstomater
- 1/2 pund provolone, tärnad
- 1/2 pund korv, tärnad
- 1/4 pund pepperoni, halverad
- 1 stor grön paprika
- 1 burk svarta oliver, avrunnen
- 1 burk chili, avrunnen
- 1 flaska (8 oz.) italiensk vinägrett

Adresser:

Koka upp vatten med lite salt i en kastrull. Tillsätt pastan och koka i cirka 8 till 10 minuter eller tills den är al dente. Häll av och skölj med kallt vatten.

Kombinera pasta med tomater, ost, salami, pepperoni, grön paprika, oliver och paprika i en stor skål. Häll i vinägretten och blanda väl.

Näring (per 100g): 310 kalorier 17,7 g fett 25,9 g kolhydrater 12,9 g protein 746 mg natrium

Tonfisksallad

Förberedelsetid: 20 minuter.

Dags att laga mat: 0 minuter

Portioner: 4

Svårighetsgrad: Lätt

Ingredienser:

- 1 burk (19 uns) kikärter
- 2 matskedar majonnäs
- 2 tsk kryddig brun senap
- 1 msk söt gurka
- salt och peppar efter smak
- 2 hackade salladslökar

Adresser:

Kombinera gröna bönor, majonnäs, senap, salsa, hackad salladslök, salt och peppar i en medelstor skål. Blanda väl.

Näring (per 100g): 220 kalorier 7,2 g fett 32,7 g kolhydrater 7 g protein 478 mg natrium

södra potatissallad

Förberedelsetid: 15 minuter.

Dags att laga mat: 15 minuter

Portioner: 4

Svårighetsgrad: genomsnittlig

Ingredienser:

- 4 potatisar
- 4 ägg
- 1/2 stjälkselleri, finhackad
- 1/4 kopp söt smak
- 1 finhackad vitlöksklyfta
- 2 msk senap
- 1/2 kopp majonnäs
- salt och peppar efter smak

Adresser:

Koka upp vatten i en kastrull, lägg sedan potatisen och koka tills den är mjuk men fortfarande fast, cirka 15 minuter; låt rinna av och hacka. Lägg över äggen i en stekpanna och täck med kallt vatten.

Koka vattnet; täck, ta av från värmen och låt äggen dra i varmt vatten i 10 minuter. Ta bort, skala och hacka sedan.

Kombinera potatis, ägg, selleri, söt sås, vitlök, senap, majonnäs, salt och peppar i en stor skål. Blanda och servera varm.

Näring (per 100g): 460 kalorier 27,4 g fett 44,6 g kolhydrater 11,3 g protein 214 mg natrium

sju lager sallad

Förberedelsetid: 15 minuter.

Dags att laga mat: 5 minuter

Portioner: 10

Svårighetsgrad: genomsnittlig

Ingredienser:

- 1 pund bacon
- 1 huvud isbergssallad
- 1 hackad rödlök
- 1 10-pack frysta ärtor, tinade
- 10 oz strimlad cheddarost
- 1 dl hackad blomkål
- 1 1/4 kopp majonnäs
- 2 matskedar vitt socker
- 2/3 kopp riven parmesanost

Adresser:

Lägg baconet i en stor, ytlig stekpanna. Grädda på medelvärme tills de är mjuka. Smula sönder och reservera. Ordna den strimlade salladen i en stor skål och toppa med ett lager av lök, ärtor, riven ost, blomkål och bacon.

Förbered vinägretten genom att blanda majonnäs, socker och parmesanost. Häll över salladen och låt svalna.

Näring (per 100g): 387 kalorier 32,7 g fett 9,9 g kolhydrater 14,5 g protein 609 mg natrium

Grönkål, quinoa och avokadosallad med citron dijonvinägrett

Förberedelsetid: 5 minuter.

Dags att laga mat: 25 minuter

Portioner: 4

Svårighetsgrad: Svår

Ingredienser:

- 2/3 kopp quinoa
- 1 1/3 koppar vatten
- 1 knippe grönkål, skuren i små bitar
- 1/2 avokado - skalad, tärnad och urkärnad
- 1/2 kopp hackad gurka
- 1/3 kopp hackad röd paprika
- 2 msk hackad rödlök
- 1 msk smulad fetaost

Adresser:

Koka upp quinoan och 1 1/3 dl vatten i en kastrull. Justera värmen och låt sjuda tills quinoan är mjuk och vattnet absorberats, cirka 15 till 20 minuter. Låt svalna.

Placera kål i ångkorg över 1-tums+ kokande vatten i stekpanna. Förslut pannan med ett lock och ånga tills det är varmt, cirka 45 sekunder; överföra till en stor tallrik. Garnera med kål, quinoa, avokado, gurka, paprika, rödlök och fetaost.

Kombinera olivolja, citronsaft, dijonsenap, havssalt och svartpeppar i en skål tills oljan emulgerar till dressingen; häll över sallad.

Näring (per 100g): 342 kalorier 20,3 g fett 35,4 g kolhydrater 8,9 g protein 705 mg natrium

Kycklingsallad

Förberedelsetid: 20 minuter.

Dags att laga mat: 0 minuter

Portioner: 9

Svårighetsgrad: Lätt

Ingredienser:

- 1/2 kopp majonnäs
- 1/2 tsk salt
- 3/4 tesked örter för fåglar
- 1 msk citronsaft
- 3 dl kokt kycklingbröst, skuren i tärningar
- 1/4 tsk mald svartpeppar
- 1/4 tsk vitlökspulver
- 1/4 tsk lökpulver
- 1/2 dl selleri finhackad
- 1 (8 oz) låda vattenkastanjer, avrunnen och hackad
- 1/2 kopp hackad salladslök
- 1 1/2 dl gröna druvor halverade
- 1 1/2 dl tärnad schweizisk ost

Adresser:

Kombinera majonnäs, salt, kycklingkrydda, lökpulver, vitlökspulver, peppar och citronsaft i en medelstor skål. Kombinera kyckling, selleri, salladslök, vattenkastanjer, schweizerost och russin i en stor skål. Tillsätt majonnäsblandningen och täck. Låt svalna tills den ska serveras.

Näring (per 100g): 293 kalorier 19,5 g fett 10,3 g kolhydrater 19,4 g protein 454 mg natrium

cobb sallad

Förberedelsetid: 5 minuter.

Dags att laga mat: 15 minuter

Portioner: 6

Svårighetsgrad: Svår

Ingredienser:

- 6 skivor bacon
- 3 ägg
- 1 dl strimlad isbergssallad
- 3 koppar tillagat malet kycklingkött
- 2 tomater, kärnade och hackade
- 3/4 kopp ädelost, smulad
- 1 avokado, skalad, urkärnad och tärnad
- 3 salladslökar, hackade
- 1 flaska (8 oz.) Ranch Vinaigrette

Adresser:

Lägg äggen i en kastrull och blöt dem helt i kallt vatten. Koka vattnet. Täck över och ta bort från värmen och låt äggen stå i varmt vatten i 10 till 12 minuter. Ta bort från hett vatten, låt svalna, skala och hacka. Lägg baconet i en stor, djup stekpanna. Grädda på medelvärme tills de är mjuka. Avsätta.

Dela den strimlade salladen mellan separata tallrikar. Fördela kyckling, ägg, tomater, ädelost, bacon, avokado och salladslök i rader över sallad. Strö över din favoritvinägrett och njut.

Näring (per 100g): 525 kalorier 39,9 g fett 10,2 g kolhydrater 31,7 g protein 701 mg natrium

Brocolisallad

Förberedelsetid: 10 minuter.

Dags att laga mat: 15 minuter

Portioner: 6

Svårighetsgrad: genomsnittlig

Ingredienser:

- 10 skivor bacon
- 1 kopp färsk broccoli
- ¼ kopp hackad rödlök
- ½ kopp russin
- 3 matskedar vitvinsvinäger
- 2 matskedar vitt socker
- 1 kopp majonnäs
- 1 kopp solrosfrön

Adresser:

Stek baconet i en stekpanna på medelvärme. Häll av, smula sönder och reservera. Kombinera broccoli, lök och russin i en medelstor skål. Blanda vinäger, socker och majonnäs i en liten skål. Häll över broccoliblandningen och blanda. Låt svalna i minst två timmar.

Innan servering, släng salladen med smulad bacon och solrosfrön.

Näring (per 100g): 559 kalorier 48,1 g fett 31 g kolhydrater 18 g protein 584 mg natrium

Jordgubbs- och spenatsallad

Förberedelsetid: 10 minuter.

Dags att laga mat: 0 minuter

Portioner: 4

Svårighetsgrad: Lätt

Ingredienser:

- 2 matskedar sesamfrön
- 1 msk vallmofrön
- 1/2 kopp vitt socker
- 1/2 kopp olivolja
- 1/4 kopp destillerad vit vinäger
- 1/4 tsk paprika
- 1/4 tsk Worcestershiresås
- 1 msk hackad lök
- 10 uns färsk spenat
- 1 liter jordgubbar - rensade, skalade och skivade
- 1/4 kopp mandel, blancherad och skivad

Adresser:

I en medelstor skål, blanda ihop samma frön, vallmofrön, socker, olivolja, vinäger, paprika, Worcestershiresås och lök. Täck och kyl i en timme.

Tillsätt spenat, jordgubbar och mandel i en stor skål. Ringla dressingen över salladen och rör om. Kyl 10 till 15 minuter före servering.

Näring (per 100g): 491 kalorier 35,2 g fett 42,9 g kolhydrater 6 g protein 691 mg natrium

Päronsallad med Roquefortost

Förberedelsetid: 20 minuter.

Dags att laga mat: 10 minuter

Portioner: 2

Svårighetsgrad: genomsnittlig

Ingredienser:

- 1 salladsblad, skuren i små bitar
- 3 päron, skalade, urkärnade och tärnade
- 5 uns roquefort, smulad
- 1 avokado, skalad, kärnad och tärnad
- 1/2 kopp hackad salladslök
- 1/4 kopp vitt socker
- 1/2 kopp pekannötter
- 1/3 kopp olivolja
- 3 matskedar rödvinsvinäger
- 1 1/2 tsk vitt socker
- 1 1/2 tsk beredd senap
- 1/2 tsk saltad svartpeppar
- 1 vitlöksklyfta

Adresser:

Tillsätt 1/4 kopp socker med nötterna i en stekpanna på medelvärme. Fortsätt att röra försiktigt tills sockret karamelliseras med nötterna. Överför försiktigt nötterna till det vaxade papperet. Låt den svalna och bryt i bitar.

Blanda för vinägrettolja, marinad, 1 1/2 tsk socker, senap, hackad vitlök, salt och peppar.

I en djup skål, kombinera sallad, päron, ädelost, avokado och salladslök. Häll vinägretten över salladen, strö över valnötter och servera.

Näring (per 100g): 426 kalorier 31,6 g fett 33,1 g kolhydrater 8 g protein 481 mg natrium

Mexikansk bönsallad

Förberedelsetid: 15 minuter.

Dags att laga mat: 0 minuter

Portioner: 6

Svårighetsgrad: Lätt

Ingredienser:

- 1 burk (15 oz) svarta bönor, avrunna
- 1 burk (15 oz) kidneybönor, avrunna
- 1 burk (15 oz) vita bönor, avrunna
- 1 hackad grön paprika
- 1 röd paprika hackad
- 1 paket frysta majskärnor
- 1 hackad rödlök
- 2 msk färsk limejuice
- 1/2 kopp olivolja
- 1/2 kopp rödvinsvinäger
- 1 msk citronsaft
- 1 matsked salt
- 2 matskedar vitt socker
- 1 pressad vitlöksklyfta
- 1/4 kopp hackad koriander
- 1/2 msk mald spiskummin
- 1/2 msk mald svartpeppar
- 1 nypa varm sås

- 1/2 tsk chilipulver

Adresser:

Kombinera bönor, paprika, fryst majs och rödlök i en stor skål.

Kombinera olivolja, limejuice, rödvinsvinäger, citronsaft, socker, salt, vitlök, koriander, spiskummin och svartpeppar i en liten skål; smaka av med varm sås och chilipulver.

Häll vinägretten med olivolja över grönsakerna; blanda väl. Kyl väl och servera kallt.

Näring (per 100g): 334 kalorier 14,8 g fett 41,7 g kolhydrater 11,2 g protein 581 mg natrium

Melonsallad

Förberedelsetid: 20 minuter.

Dags att laga mat: 0 minuter

Portioner: 6

Svårighetsgrad: genomsnittlig

Ingredienser:

- ¼ tesked havssalt
- ¼ tesked svartpeppar
- 1 msk balsamvinäger
- 1 melon, i fjärdedelar och kärnade
- 12 vattenmeloner, små och kärnfria
- 2 dl mozzarellabollar, färska
- 1/3 kopp basilika, färsk och riven
- 2 msk. olivolja

Adresser:

Skrapa ur melonbollarna och lägg i en sil över en serveringsskål. Använd din melonballer för att skära vattenmelonen också och arrangera dem sedan med din melon.

Låt frukten rinna av i tio minuter och kyl sedan saften för ett annat recept. Det kan till och med läggas till smoothies. Torka skålen med en trasa och lägg sedan frukten i den.

Tillsätt basilika, olja, vinäger, mozzarella och tomater innan du smakar av med salt och peppar. Blanda försiktigt och servera genast eller kallt.

Näring (per 100g): 218 Kalorier 13 g Fett 9 g Kolhydrater 10 g Protein 581 mg Natrium

Selleri och apelsinsallad

Förberedelsetid: 15 minuter.

Dags att laga mat: 0 minuter

Portioner: 6

Svårighetsgrad: Lätt

Ingredienser:

- 1 msk citronsaft, färsk
- ¼ tesked fint havssalt
- ¼ tesked svartpeppar
- 1 matsked olivlake
- 1 msk olivolja
- ¼ kopp rödlök, skivad
- ½ kopp gröna oliver
- 2 apelsiner, skalade och skivade
- 3 stjälkar selleri, skär diagonalt i ½-tums skivor

Adresser:

Lägg apelsiner, oliver, lök och selleri i en grund skål. I en annan skål vispa ihop olja, olivlake och citronsaft, häll detta över din sallad. Smaka av med salt och peppar innan servering.

Näring (per 100g):65 kalorier 7 g Fett 9 g Kolhydrater 2 g Protein 614 mg Natrium

Grillad broccolisallad

Förberedelsetid: 20 minuter.

Dags att laga mat: 10 minuter

Portioner: 4

Svårighetsgrad: Svår

Ingredienser:

- 1 pund broccoli, skuren i buketter och skivad stjälk
- 3 msk olivolja, delad
- 1 pint körsbärstomater
- 1 ½ tsk honung, rå och delad
- 3 koppar fullkornsbröd i tärningar
- 1 msk balsamvinäger
- ½ tsk svartpeppar
- ¼ tesked fint havssalt
- riven parmesan att servera

Adresser:

Förbered ugnen på 450 grader och dra sedan ut en kantad bakplåt. Sätt in den i ugnen för att värma upp. Ringla din broccoli med en matsked olja och häll över den.

Ta ut plåten från ugnen och häll broccolin på den. Lämna olja i botten av skålen, tillsätt tomaterna, rör om till beläggning och släng sedan tomaterna med en matsked honung. Häll dem på samma bakplåt som broccolin.

Rosta i femton minuter och rör om halvvägs genom tillagningstiden. Tillsätt ditt bröd och stek sedan i tre minuter till. Vispa två matskedar olja, vinäger och den återstående honungen. Krydda med salt och peppar. Häll detta över din broccoliblandning för servering.

Näring (per 100g): 226 Kalorier 12 g Fett 26 g Kolhydrater 7 g Protein 581 mg Natrium

Tomatsallad

Förberedelsetid: 20 minuter.

Dags att laga mat: 0 minuter

Portioner: 4

Svårighetsgrad: Lätt

Ingredienser:

- 1 skivad gurka
- ¼ kopp soltorkade tomater, hackade
- 1 pund tomater, tärnade
- ½ kopp svarta oliver
- 1 skivad rödlök
- 1 msk balsamvinäger
- ¼ kopp persilja, färsk och hackad
- 2 matskedar olivolja
- havssalt och svartpeppar efter smak

Adresser:

Ta fram en skål och kombinera alla dina grönsaker. För att göra din dressing blanda alla dina kryddor, olivolja och vinäger. Blanda med din sallad och servera färsk.

Näring (per 100g): 126 Kalorier 9,2 g Fett 11,5 g Kolhydrater 2,1 g Protein 681 mg Natrium

Rödbetssallad med fetaost

Förberedelsetid: 15 minuter.

Dags att laga mat: 0 minuter

Portioner: 4

Svårighetsgrad: Lätt

Ingredienser:

- 6 rödbetor, kokta och skalade
- 3 uns fetaost, i tärningar
- 2 matskedar olivolja
- 2 msk balsamvinäger

Adresser:

Blanda ihop allt och servera sedan.

Näring (per 100g): 230 Kalorier 12 g Fett 26,3 g Kolhydrater 7,3 g Protein 614 mg Natrium

Blomkål och tomatsallad

Förberedelsetid: 15 minuter.

Dags att laga mat: 0 minuter

Portioner: 4

Svårighetsgrad: Lätt

Ingredienser:

- 1 blomkålshuvud hackat
- 2 msk persilja, färsk och hackad
- 2 dl körsbärstomater, halverade
- 2 matskedar färsk citronsaft
- 2 matskedar pinjenötter
- havssalt och svartpeppar efter smak

Adresser:

Blanda citronsaft, körsbärstomater, blomkål och persilja och krydda sedan. Toppa med pinjenötter och blanda väl innan servering.

Näring (per 100g): 64 Kalorier 3,3 g Fett 7,9 g Kolhydrater 2,8 g Protein 614 mg Natrium

Pilaf med färskost

Förberedelsetid: 20 minuter.

Dags att laga mat: 10 minuter

Portioner: 6

Svårighetsgrad: genomsnittlig

Ingredienser:

- 2 koppar långkornigt gult ris, förkokt
- 1 kopp lök
- 4 salladslökar
- 3 matskedar smör
- 3 msk grönsaksbuljong
- 2 tsk cayennepeppar
- 1 tsk paprika
- ½ tesked kryddnejlika, hackad
- 2 msk myntablad, färska och hackade
- 1 knippe färska myntablad att dekorera
- 1 msk olivolja
- havssalt och svartpeppar efter smak
- <u>Färskost:</u>
- 3 matskedar olivolja
- havssalt och svartpeppar efter smak
- 9 uns färskost

Adresser:

Sätt ugnen på 360 grader och dra sedan ut en stekpanna. Hetta upp smör och olivolja tillsammans och stek löken och gräslöken i två minuter.

Tillsätt salt, peppar, paprika, kryddnejlika, grönsaksbuljong, ris och resterande kryddor. Fräs i tre minuter. Slå in med folie och grädda ytterligare en halvtimme. Låt det svalna.

Blanda färskost, ost, olivolja, salt och peppar. Servera din pilaff garnerad med färska myntablad.

Näring (per 100g): 364 Kalorier 30 g Fett 20 g Kolhydrater 5 g Protein 511 mg Natrium

Rostad aubergine sallad

Förberedelsetid: 10 minuter.

Dags att laga mat: 20 minuter

Portioner: 6

Svårighetsgrad: Lätt

Ingredienser:

- 1 skivad rödlök
- 2 msk persilja, färsk och hackad
- 1 tsk timjan
- 2 dl körsbärstomater, halverade
- havssalt och svartpeppar efter smak
- 1 tsk oregano
- 3 matskedar olivolja
- 1 tsk basilika
- 3 auberginer, skalade och tärnade

Adresser:

Börja med att värma ugnen till 350 grader. Krydda din aubergine med basilika, salt, peppar, oregano, timjan och olivolja. Lägg den på en plåt och grädda i en halvtimme. Blanda med resterande ingredienser innan servering.

Näring (per 100g): 148 Kalorier 7,7 g Fett 20,5 g Kolhydrater 3,5 g Protein 660 mg Natrium

Rostade grönsaker

Förberedelsetid: 5 minuter.

Dags att laga mat: 15 minuter

Portioner: 12

Svårighetsgrad: Lätt

Ingredienser:

- 6 vitlöksklyftor
- 6 matskedar olivolja
- 1 fänkålslök, tärnad
- 1 zucchini, tärnad
- 2 röda paprikor, tärnade
- 6 potatisar, stora och tärnade
- 2 teskedar havssalt
- ½ kopp balsamvinäger
- ¼ kopp färsk, hackad rosmarin
- 2 tsk pulveriserad grönsaksbuljong

Adresser:

Börja med att värma ugnen till 400. Lägg potatisen, fänkålen, zucchinin, vitlöken och fänkålen i en ugnsform, ringla över olivolja. Strö över salt, buljongpulver och rosmarin. Blanda väl och grädda sedan i 450 grader i trettio till fyrtio minuter. Blanda ner din vinäger i grönsakerna innan servering.

Näring (per 100g): 675 kalorier 21 g Fett 112 g Kolhydrater 13 g Protein 718 mg Natrium

Pistasch och ruccolasallad

Förberedelsetid: 20 minuter.

Dags att laga mat: 0 minuter

Portioner: 6

Svårighetsgrad: Lätt

Ingredienser:

- 6 dl hackad grönkål
- ¼ kopp olivolja
- 2 matskedar färsk citronsaft
- ½ tsk rökt paprika
- 2 koppar ruccola
- 1/3 kopp pistagenötter, osaltade och skalade
- 6 matskedar riven parmesanost

Adresser:

Ta fram en salladsskål och kombinera din olja, citron, rökt paprika och grönkål. Massera försiktigt in bladen i en halv minut. Din grönkål ska vara väl täckt. Släng försiktigt i ruccola och pistagenötter när du är redo att servera.

Näring (per 100g): 150 kalorier 12 g Fett 8 g Kolhydrater 5 g Protein 637 mg Natrium

Parmesan korn risotto

Förberedelsetid: 10 minuter.

Dags att laga mat: 20 minuter

Portioner: 6

Svårighetsgrad: Svår

Ingredienser:

- 1 dl hackad gul lök
- 1 msk olivolja
- 4 dl grönsaksbuljong, låg natriumhalt
- 2 koppar pärlkorn, rå
- ½ dl torrt vitt vin
- 1 dl parmesanost, finriven och delad
- havssalt och svartpeppar efter smak
- färsk gräslök, hackad till servering
- citronklyftor att servera

Adresser:

Tillsätt buljongen i en kastrull och låt sjuda på medelhög värme. Ta fram en kastrull och sätt den på medelhög värme också. Hetta upp oljan innan du lägger i löken. Koka i åtta minuter, rör om då och då. Tillsätt ditt korn och koka i ytterligare två minuter. Tillsätt kornet och koka tills det är rostat.

Häll i vinet, koka en minut till. Det mesta av vätskan bör ha avdunstat innan du tillsätter en kopp varm buljong. Koka och rör om i två minuter. Din vätska bör absorberas. Tillsätt den återstående buljongen i koppen och koka tills varje kopp har absorberats. Det bör ta ungefär två minuter varje gång.

Ta bort från värmen, tillsätt 1/2 kopp ost och toppa med resterande ost, gräslök och citronklyftor.

Näring (per 100g): 345 Kalorier 7 g Fett 56 g Kolhydrater 14 g Protein 912 mg Natrium

Skaldjur och avokadosallad

Förberedelsetid: 10 minuter.

Dags att laga mat: 0 minuter

Portioner: 4

Svårighetsgrad: Lätt

Ingredienser:

- 2 pund. lax, kokt och hackad
- 2 pund. räkor, kokta och hackade
- 1 dl avokado, hackad
- 1 kopp majonnäs
- 4 matskedar limejuice, färsk
- 2 vitlöksklyftor
- 1 kopp gräddfil
- havssalt och svartpeppar efter smak
- ½ hackad rödlök
- 1 kopp hackad gurka

Adresser:

Börja med att ösa ur en skål och kombinera vitlök, salt, peppar, lök, majonnäs, gräddfil och limejuice.

Ta fram en annan skål och blanda ihop lax, räkor, gurka och avokado.

Tillsätt majonnäsblandningen till dina räkor och låt dem sedan sitta i tjugo minuter i kylen innan servering.

Näring (per 100g): 394 Kalorier 30 g Fett 3 g Kolhydrater 27 g Protein 815 mg Natrium

Medelhavsräksallad

Förberedelsetid: 40 minuter.

Dags att laga mat: 0 minuter

Portioner: 6

Svårighetsgrad: Lätt

Ingredienser:

- 1½ pund. räkor, rensade och tillagade
- 2 stjälkselleri, färska
- 1 lök
- 2 salladslökar
- 4 kokta ägg
- 3 kokta potatisar
- 3 matskedar majonnäs
- havssalt och svartpeppar efter smak

Adresser:

Börja med att skära upp potatisen och sellerin. Skär äggen i skivor och krydda. Blanda ihop allt. Lägg räkorna över äggen och servera med lök och vårlök.

Näring (per 100g): 207 kalorier 6 g Fett 15 g Kolhydrater 17 g Protein 664 mg Natrium

Kikärtspastasallad

Förberedelsetid: 10 minuter.

Dags att laga mat: 15 minuter

Portioner: 6

Svårighetsgrad: genomsnittlig

Ingredienser:

- 2 matskedar olivolja
- 16 uns rotelle pasta
- ½ kopp torkade oliver, hackade
- 2 msk oregano, färsk och hackad
- 2 msk persilja, färsk och hackad
- 1 knippe hackad gräslök
- ¼ kopp rödvinsvinäger
- 15 uns konserverade kikärter, avrunna och sköljda
- ½ kopp riven parmesanost
- havssalt och svartpeppar efter smak

Adresser:

Koka upp vatten och lägg pastan al dente och följ instruktionerna på förpackningen. Häll av och skölj med kallt vatten.

Ta fram en stekpanna och värm olivoljan på medelvärme. Tillsätt din salladslök, kikärter, persilja, oregano och oliver. Sänk värmen och stek i ytterligare tjugo minuter. Låt denna blandning svalna.

Blanda din kikärtsblandning i din pasta och tillsätt din rivna ost, salt, peppar och vinäger. Låt svalna i fyra timmar eller över natten innan servering.

Näring (per 100g): 424 Kalorier 10 g Fett 69 g Kolhydrater 16 g Protein 714 mg Natrium

Medelhavsröra

Förberedelsetid: 10 minuter.

Dags att laga mat: 30 minuter

Portioner: 4

Svårighetsgrad: genomsnittlig

Ingredienser:

- 2 zucchini
- 1 lök
- ¼ tesked havssalt
- 2 vitlöksklyftor
- 3 tsk olivolja, uppdelad
- 1 pund kycklingbröst, benfria
- 1 kopp snabbkokt korn
- 2 koppar vatten
- ¼ tesked svartpeppar
- 1 tsk oregano
- ¼ tesked röd paprikaflingor
- ½ tsk basilika
- 2 plommontomater
- ½ kopp urkärnade grekiska oliver
- 1 msk färsk persilja

Adresser:

Börja med att ta bort skinnet från din kyckling och skär sedan i mindre bitar. Hacka vitlök och persilja, hacka sedan oliver, zucchini, tomater och lök. Ta fram en kastrull och låt vattnet koka upp. Blanda i kornet och låt det puttra i åtta till tio minuter.

Släcka elden. Låt den vila i fem minuter. Ta fram en stekpanna och tillsätt två teskedar olivolja. Stek kycklingen när den är varm och ta sedan bort den från värmen. Koka löken i den återstående oljan. Blanda de återstående ingredienserna och koka ytterligare tre till fem minuter. Servera varm.

Näring (per 100g): 337 Kalorier 8,6 g Fett 32,3 g Kolhydrater 31,7 g Protein 517 mg Natrium

Balsamic gurksallad

Förberedelsetid: 15 minuter.

Dags att laga mat: 0 minuter

Portioner: 4

Svårighetsgrad: Lätt

Ingredienser:

- 2/3 stor engelsk gurka, halverad och skivad
- 2/3 medelstor rödlök, halverad och tunt skivad
- 5 1/2 msk balsamvinägrett
- 1 1/3 dl druvtomater, halverade
- 1/2 kopp smulad fetaost med reducerad fetthalt

Adresser:

I en stor skål, kombinera gurka, tomater och lök. Tillsätt vinägrett; rör om för att täcka. Kyl, täckt, fram till servering. Precis innan servering, tillsätt osten. Servera med en hålad tesked.

Näring (per 100g): 250 kalorier 12 g fett 15 g kolhydrat 34 g protein 633 mg natrium

Kefta köttfärsbiffar med gurksallad

Förberedelsetid: 10 minuter.

Dags att laga mat: 15 minuter

Portioner: 2

Svårighetsgrad: Svår

Ingredienser:

- matlagningsspray
- 1/2 pund mald ryggbiff
- 2 msk plus 2 msk hackad färsk bladpersilja, delad
- 1 1/2 tsk finhackad och skalad färsk ingefära
- 1 tsk mald koriander
- 2 msk hackad färsk koriander
- 1/4 tsk salt
- 1/2 tsk malen spiskummin
- 1/4 tsk mald kanel
- 1 kopp tunt skivad engelska gurka
- 1 msk risvinäger
- 1/4 kopp fettfri vanlig grekisk yoghurt
- 1 1/2 tsk färsk citronsaft
- 1/4 tsk nymalen svartpeppar
- 1 pitabröd (6 tum), i fjärdedelar

Adresser:

Värm en stekpanna på grillen på medelhög värme. Klä pannan med matlagningsspray. Kombinera nötkött, 1/4 kopp persilja, koriander och nästa 5 föremål i en medelstor skål. Dela kombinationen i 4 lika delar, forma var och en till en 1/2-tums tjock biff. Lägg hamburgare till stekpanna; koka båda sidor till önskad grad av klarhet.

Kombinera gurka och vinäger i en medelstor skål; skjuta bra. Kombinera fettfri yoghurt, återstående 2 matskedar persilja, juice och peppar i en liten skål; rör om med en visp. Placera 1 hamburgare och 1/2 kopp gurkblandning på var och en av 4 serveringsfat. Toppa varje erbjudande med cirka 2 matskedar av yoghurtkryddan. Servera var och en med 2 pitablyftor.

Näring (per 100g): 116 kalorier 5 g fett 11 g kolhydrat 28 g protein 642 mg natrium

Kyckling och gurksallad med persiljepesto

Förberedelsetid: 15 minuter.

Dags att laga mat: 5 minuter

Portioner: 8

Svårighetsgrad: Lätt

Ingredienser:

- 2 2/3 koppar packade färska plattbladiga bladpersilja
- 1 1/3 dl färsk babyspenat
- 1 1/2 msk rostade pinjenötter
- 1 1/2 msk riven parmesanost
- 2 1/2 msk färsk citronsaft
- 1 1/3 tsk kosher salt
- 1/3 tsk svartpeppar
- 1 1/3 medelstora vitlöksklyftor, krossade
- 2/3 kopp extra virgin olivolja
- 5 1/3 koppar strimlad rotisserie kyckling (från 1 kyckling)
- 2 2/3 koppar kokt edamame utan skal
- 1 1/2 1 (15 oz.) burkar osaltade kikärter, avrunna och sköljda
- 1 1/3 dl hackad engelska gurka
- 5 1/3 koppar löst packad ruccola

Adresser:

Kombinera persilja, spenat, citronsaft, pinjenötter, ost, vitlök, salt och peppar i en matberedare; process på cirka 1 minut. Med processorn igång, tillsätt olja; bearbeta tills den är slät, ca 1 minut.

Kombinera kyckling, edamame, kikärter och gurka i en stor skål. Tillsätt pesto; rör om för att kombinera.

Placera 2/3 kopp ruccola i var och en av 6 skålar; toppa varje med 1 kopp kycklingsalladsblandning. Servera omedelbart.

Näring (per 100g): 116 kalorier 12 g fett 3 g kolhydrater 9 g protein 663 mg natrium

Lätt ruccolasallad

Förberedelsetid: 15 minuter.

Dags att laga mat: 0 minuter

Portioner: 6

Svårighetsgrad: Lätt

Ingredienser:

- 6 dl baby ruccola blad, sköljda och torkade
- 1 1/2 dl körsbärstomater, halverade
- 6 matskedar pinjenötter
- 3 msk druvkärneolja eller olivolja
- 1 1/2 msk risvinäger
- 3/8 tsk nymalen svartpeppar efter smak
- 6 matskedar riven parmesanost
- 3/4 tsk salt efter smak
- 1 1/2 stor avokado, skalad, urkärnad och skivad

Adresser:

Tillsätt ruccola, körsbärstomater, pinjenötter, olja, vinäger och parmesanost i en stor plastform med lock. Smaka av med salt och peppar för smak. Täck och låt rinna av för att blanda.

Bred ut salladen på porslinet och toppa med avokadoskivor.

Näring (per 100g): 120 kalorier 12 g fett 14 g kolhydrat 25 g protein 736 mg natrium

Bön- och kikärtssallad med fetaost

Förberedelsetid: 10 minuter.

Dags att laga mat: 0 minuter

Portioner: 6

Svårighetsgrad: Lätt

Ingredienser:

- 1 1/2 (15-ounce) burkar kikärter
- 1 1/2 (2-1/4-ounce) burkar skivade mogna oliver, avrunna
- 1 1/2 medelstora tomater
- 6 matskedar tunt skivad rödlök
- 2 1/4 koppar 1-1/2 engelsk gurka, grovt hackad
- 6 matskedar hackad färsk persilja
- 4 1/2 msk olivolja
- 3/8 tsk salt
- 1 1/2 msk citronsaft
- 3/16 tsk peppar
- 7 1/2 dl blandad sallad
- 3/4 kopp smulad fetaost

Adresser:

Överför alla ingredienser till en stor skål; rör om för att kombinera. Tillsätt parmesanosten.

Näring (per 100g): 140 kalorier 16 g fett 10 g kolhydrat 24 g protein 817 mg natrium

Grekiska vilda och bruna risskålar

Förberedelsetid: 15 minuter.

Dags att laga mat: 5 minuter

Portioner: 4

Svårighetsgrad: Lätt

Ingredienser:

- 2 (8-1/2-ounce) förpackningar färdiga att servera brunt och vildris
- 1 medelmogen avokado, skalad och skivad
- 1 1/2 dl körsbärstomater, halverade
- 1/2 kopp grekisk vinägrett, delad
- 1/2 dl smulad fetaost
- 1/2 kopp urkärnade grekiska oliver, skivade
- hackad färsk persilja, valfritt

Adresser:

Kombinera spannmålsblandningen och 2 matskedar vinägretten i en mikrovågssäker skål. Täck över och koka på hög värme tills den är genomvärmd, cirka 2 minuter. Dela i 2 skålar. Bäst med avokado, tomat, grönt, ost, oliver, överbliven dressing och om så önskas persilja.

Näring (per 100g): 116 kalorier 10 g fett 9 g kolhydrater 26 g protein 607 mg natrium

Grekisk middagssallad

Förberedelsetid: 10 minuter.

Dags att laga mat: 0 minuter

Portioner: 4

Svårighetsgrad: Lätt

Ingredienser:

- 2 1/2 msk grovhackad färsk persilja
- 2 msk grovhackad färsk dill
- 2 tsk färsk citronsaft
- 2/3 tsk torkad oregano
- 2 teskedar extra virgin olivolja
- 4 koppar strimlad romainesallat
- 2/3 kopp tunt skivad rödlök
- 1/2 dl smulad fetaost
- 2 dl tärnade tomater
- 2 teskedar kapris
- 2/3 gurka, skalad, delad i fjärdedelar på längden och tunt skivad
- 2/3 (19 uns) kikärter, avrunna och sköljda
- 4 (6-tums) fullkornspitas, var och en skuren i 8 klyftor

Adresser:

Kombinera de första 5 ämnena i en stor skål; rör om med en visp. Lägg till en medlem av salladsfamiljen och de nästa 6 ingredienserna (sallat genom kikärter); skjuta bra. Servera med pitablyftor.

Näring (per 100g): 103 kalorier 12 g fett 8 g kolhydrat 36 g protein 813 mg natrium

Hälleflundra med citron och fänkålssallad

Förberedelsetid: 15 minuter.

Dags att laga mat: 5 minuter

Portioner: 2

Svårighetsgrad: genomsnittlig

Ingredienser:

- 1/2 tsk mald koriander
- 1/4 tsk salt
- 1/8 tsk nymalen svartpeppar
- 2 1/2 tsk extra virgin olivolja, delad
- 1/4 tsk malen spiskummin
- 1 finhackad vitlöksklyfta
- 2 hälleflundrafiléer (6 uns)
- 1 kopp fänkålslök
- 2 msk rödlök tunt skivad vertikalt
- 1 msk färsk citronsaft
- 1 1/2 tsk hackad plattbladspersilja
- 1/2 tsk färska timjanblad

Adresser:

Kombinera de första 4 ämnena i en liten skål. Kombinera 1/2 tesked av kryddblandningen, 2 teskedar av oljan och vitlöken i en liten skål; gnugga vitlöksklyftorna jämnt över fisken. Värm 1 tesked olja i en stor nonstick-panna på medelhög värme. Lägg fisk i stekpanna; koka 5 minuter på varje sida eller tills önskad nivå av klarhet.

Kombinera de återstående 3/4 tsk av kryddblandningen, de återstående 2 tsk olja, fänkålslöken och de återstående ingredienserna i en medelstor skål, blanda väl för att täcka. Ge sallad med skaldjur.

Näring (per 100g):110 kalorier 9 g fett 11 g kolhydrat 29 g protein 558 mg natrium

Grekisk kycklingsallad med örter

Förberedelsetid: 10 minuter.

Dags att laga mat: 10 minuter

Portioner: 2

Svårighetsgrad: genomsnittlig

Ingredienser:

- 1/2 tsk torkad oregano
- 1/4 tsk vitlökspulver
- 3/8 tsk svartpeppar, delad
- matlagningsspray
- 1/2 pund benfria, skinnfria kycklingbröst, skurna i 1-tums kuber
- 1/4 tsk salt, delat
- 1/2 kopp fettfri vanlig yoghurt
- 1 tsk tahini (sesampasta)
- 2 1/2 tsk. färsk citronsaft
- 1/2 tsk hackad vitlök på flaska
- 4 dl hackad romansallat
- 1/2 kopp skalad och hackad engelska gurka
- 1/2 kopp druvtomater, halverade
- 3 urkärnade kalamataoliver, halverade
- 2 matskedar (1 uns) smulad fetaost

Adresser:

Kombinera oregano, naturligt vitlökspulver, 1/2 tsk peppar och 1/4 tsk salt i en skål. Värm en nonstick-panna på medelhög värme. Klä stekpanna med nonstick-spray. Lägg till kombinationen av fåglar och kryddor; sautera tills fågeln är färdig. Ringla med 1 tsk juice; Vispa. Ta bort från pannan.

Kombinera återstående 2 tsk juice, återstående 1/4 tsk natrium, återstående 1/4 tsk peppar, yoghurt, tahini och vitlök i en liten skål; blanda väl. Kombinera medlemmar av salladsfamiljen, gurka, tomater och oliver. Lägg 2 1/2 koppar av salladsblandningen på var och en av 4 tallrikar. Toppa varje portion med 1/2 kopp av kycklingen och 1 tsk ostkombination. Ringla över varje portion med 3 matskedar yoghurtmix

Näring (per 100g): 116 kalorier 11 g fett 15 g kolhydrat 28 g protein 634 mg natrium

Grekisk Couscoussallad

Förberedelsetid: 10 minuter.

Dags att laga mat: 15 minuter

Portioner: 10

Svårighetsgrad: Lätt

Ingredienser:

- 1 burk (14-1/2 uns) kycklingbuljong med reducerad natriumhalt
- 1 1/2 koppar 1-3/4 rå fullkornscouscous (cirka 11 ounces)
- Bandage:
- 6 1/2 msk olivolja
- 1 1/4 tsk 1-1/2 citronskal
- 3 1/2 msk citronsaft
- 13/16 tsk adobo kryddor
- 3/16 tsk salt
- Sallad:
- 1 2/3 dl druvtomater, halverade
- 5/6 engelsk gurka, halverad på längden och skivad
- 3/4 dl grovhackad färsk persilja
- 1 burk (6-1/2 uns) skivade mogna oliver, avrunna
- 6 1/2 msk smulad fetaost
- 3 1/3 salladslök, hackad

Adresser:

Koka upp buljongen i en stor kastrull. Tillsätt couscousen. Avlägsna från värme; Låt stå övertäckt tills buljongen absorberats, ca 5 minuter. Överför till en stor tallrik; svalna helt.

Vispa dressingämnena. Tillsätt gurka, tomat, grönsaker, persilja, oliver och salladslök till couscousen; rör ner dressingen. Blanda försiktigt i osten. Servera genast eller kyl och servera glass.

Näring (per 100g): 114 kalorier 13 g fett 18 g kolhydrat 27 g protein 811 mg natrium

Denver Fried Tortilla

Förberedelsetid: 10 minuter.

Dags att laga mat: 30 minuter

Portioner: 4

Svårighetsgrad: genomsnittlig

Ingredienser:

- 2 smörskedar
- 1/2 lök, köttfärs
- 1/2 hackad grön paprika
- 1 dl hackad kokt skinka
- 8 ägg
- 1/4 kopp mjölk
- 1/2 kopp strimlad cheddarost och mald svartpeppar efter smak

Adresser:

Värm ugnen till 200 grader C (400 grader F). Smörj en 10-tums rund ugnsform.

Smält smör på medelvärme; koka och rör lök och paprika tills den är mjuk, ca 5 minuter. Tillsätt skinkan och fortsätt koka tills allt är genomvarmt, 5 minuter.

Vispa ägg och mjölk i en stor skål. Tillsätt cheddar-skinkablandningen; Krydda med salt och svartpeppar. Häll blandningen i en ugnsform. Grädda i ugnen, ca 25 minuter. Servera varm.

Näring (per 100g): 345 Kalorier 26,8 g Fett 3,6 g Kolhydrater 22,4 g Protein 712 mg Natrium

korvpanna

Förberedelsetid: 25 minuter.

Dags att laga mat: 60 minuter

Portioner: 12

Svårighetsgrad: genomsnittlig

Ingredienser:

- 1 pund salvia frukostkorv,
- 3 dl riven potatis, avrunnen och saftad
- 1/4 kopp smält smör
- 12 oz strimlad mild cheddarost
- 1/2 kopp riven lök
- 1 liten behållare keso (16 oz)
- 6 gigantiska ägg

Adresser:

Sätt ugnen på 350 ° F. Smörj lätt en 9 x 13-tums fyrkantig ugnsform.

Lägg korven i en stor stekpanna. Grädda på medelvärme tills de är mjuka. Häll av, smula sönder och reservera.

Blanda den rivna potatisen och smöret i den förberedda ugnsformen. Belägg botten och sidorna av skålen med blandningen. Blanda korv, cheddarost, lök, keso och ägg i en skål. Häll över potatisblandningen. Låt det gräddas.

Låt svalna i 5 minuter innan servering.

Näring (per 100g):355 Kalorier 26,3 g Fett 7,9 g Kolhydrater 21,6 g Protein 755 mg Natrium.

Grillade marinerade räkor

Förberedelsetid: 30 minuter.

Dags att laga mat: 60 minuter

Portioner: 6

Svårighetsgrad: Lätt

Ingredienser:

- 1 kopp olivolja
- 1/4 kopp hackad färsk persilja
- 1 citron, saftad
- 3 vitlöksklyftor fint hackade
- 1 msk tomatpuré
- 2 tsk torkad oregano
- 1 tsk salt
- 2 matskedar varm sås
- 1 tsk mald svartpeppar
- 2 pund räkor, skalade och svansar borttagna

Adresser:

Blanda olivolja, persilja, citronsaft, varm sås, vitlök, tomatpuré, oregano, salt och svartpeppar i en skål. Reservera en liten mängd för spett senare. Fyll stor plastpåse med zip-top med marinad och räkor. Stäng och låt svalna i 2 timmar.

Värm grillen till medelvärme. Trä räkor på spett, piercing en gång i svansen och en gång i huvudet. Släng marinaden.

Olja grillen lätt. Koka räkor i 5 minuter på varje sida eller tills de är ogenomskinliga, tråckla ofta med reserverad marinad.

Näring (per 100g):447 Kalorier 37,5 g Fett 3,7 g Kolhydrater 25,3 g Protein 800 mg Natrium

Korväggsgryta

Förberedelsetid: 20 minuter.

Dags att laga mat: 1 timme 10 minuter

Portioner: 12

Svårighetsgrad: genomsnittlig

Ingredienser:

- 3/4 pund fläskkorv finhackad
- 1 msk smör
- 4 salladslökar, köttfärs
- 1/2 pund färska svampar
- 10 vispade ägg
- 1 behållare (16 gram) keso med låg fetthalt
- 1 pund Monterey Jack ost, riven
- 2 burkar tärnad grön paprika, avrunnen
- 1 kopp mjöl, 1 tsk bakpulver
- 1/2 tsk salt
- 1/3 kopp smält smör

Adresser:

Lägg korven i en djup stekpanna. Grädda på medelvärme tills de är mjuka. Töm och reservera. Smält smöret i en stekpanna, koka upp och rör om vårlöken och svampen tills den är mjuk.

Kombinera ägg, keso, Monterey Jack ost och paprika i en stor skål. Tillsätt korv, salladslök och svamp. Täck över och övernatta i kylen.

Sätt ugnen på 175°C (350°F). Smörj en lätt 9 x 13-tums ugnsform.

Sikta mjöl, bakpulver och salt i en skål. Tillsätt det smälta smöret. Tillsätt mjölblandningen i äggblandningen. Häll i den förberedda ugnsformen. Grädda tills de är lätt gyllene. Låt vila i 10 minuter innan servering.

Näring (per 100g): 408 kalorier 28,7 g Fett 12,4 g Kolhydrater 25,2 g Protein 1095 mg Natrium

Bakade Tortillarutor

Förberedelsetid: 15 minuter.

Dags att laga mat: 30 minuter

Portioner: 8

Svårighetsgrad: Lätt

Ingredienser:

- 1/4 kopp smör
- 1 liten lök, köttfärs
- 1 1/2 dl riven cheddarost
- 1 burk skivad svamp
- 1 burk kokt skinka med svarta oliver (valfritt)
- skivad jalapenopeppar (valfritt)
- 12 ägg, äggröra
- 1/2 kopp mjölk
- salt och peppar efter smak

Adresser:

Förbered ugnen på 205°C (400°F). Smörj en 9 x 13-tums ugnsform.

Koka smöret i en stekpanna på medelvärme och stek löken tills den är genomstekt.

Lägg cheddarosten i botten av den förberedda ugnsformen. Toppa med svamp, oliver, stekt lök, skinka och jalapenopeppar. Vispa ihop äggen i en skål med mjölk, salt och peppar. Häll äggblandningen över ingredienserna, men blanda inte.

Grädda i den förvärmda ugnen utan lock tills det inte rinner mer vätska i mitten och är ljusbrun ovanpå. Låt svalna något, tärna sedan och servera.

Näring (per 100g): 344 Kalorier 27,3 g Fett 7,2 g Kolhydrater 17,9 g Protein 1087 mg Natrium

kokt ägg

Förberedelsetid: 5 minuter.

Dags att laga mat: 15 minuter

Portioner: 8

Svårighetsgrad: Lätt

Ingredienser:

- 1 matsked salt
- 1/4 kopp destillerad vit vinäger
- 6 koppar vatten
- 8 ägg

Adresser:

Häll salt, vinäger och vatten i en stor kastrull och låt koka upp på hög värme. Tillsätt äggen ett och ett, var försiktig så att de inte spricker. Sänk värmen och låt sjuda och koka i 14 minuter.

Ta bort äggen från det varma vattnet och lägg dem i en skål fylld med is eller kallt vatten. Låt svalna helt, ca 15 minuter.

Näring (per 100g): 72 Kalorier 5 g Fett 0,4 g Kolhydrater 6,3 g Protein 947 mg Natrium

Svamp med sojasåsglasyr

Förberedelsetid: 5 minuter.

Dags att laga mat: 10 minuter

Portioner: 2

Svårighetsgrad: genomsnittlig

Ingredienser:

- 2 smörskedar
- 1 paket (8 ounces) skivade vita svampar
- 2 hackade vitlöksklyftor
- 2 teskedar sojasås
- mald svartpeppar efter smak

Adresser:

Koka smör i stekpanna på medelvärme; rör i svampen; koka och rör om tills svampen är mjuk och lös, ca 5 minuter. Tillsätt vitlök; fortsätt koka och rör om i 1 minut. Häll i sojasås; koka svamp i sojasås tills vätskan har avdunstat, ca 4 minuter.

Näring (per 100g): 135 Kalorier 11,9 g Fett 5,4 g Kolhydrater

pepperoni ägg

Förberedelsetid: 10 minuter.

Dags att laga mat: 20 minuter

Portioner: 2

Svårighetsgrad: genomsnittlig

Ingredienser:

- 1 kopp äggersättning
- 1 ägg
- 3 salladslökar, köttfärs
- 8 pepperoniskivor, tärnade
- 1/2 tsk vitlökspulver
- 1 tsk smält smör
- 1/4 kopp riven romano ost
- salt och mald svartpeppar efter smak

Adresser:

Kombinera äggersättningen, ägget, salladslöken, pepperoniskivorna och vitlökspulvret i en skål.

Koka smör i nonstick stekpanna på låg värme; Tillsätt äggblandningen, förslut pannan och koka i 10 till 15 minuter. Strö över Romano-äggen och smaka av med salt och peppar.

Näring (per 100g): 266 Kalorier 16,2 g Fett 3,7 g Kolhydrater 25,3 g Protein 586 mg Natrium

Ägg muffins

Förberedelsetid: 15 minuter.

Dags att laga mat: 20 minuter

Portioner: 6

Svårighetsgrad: genomsnittlig

Ingredienser:

- 1 paket bacon (12 ounces)
- 6 ägg
- 2 matskedar mjölk
- 1/4 tsk salt
- 1/4 tsk mald svartpeppar
- 1 C. Smält smör
- 1/4 tsk. torkad persilja
- 1/2 kopp skinka
- 1/4 kopp mozzarellaost
- 6 skivor gouda

Adresser:

Förbered ugnen på 175°C (350°F). Koka baconet på medelvärme tills det precis börjar få färg. Torka baconskivorna med hushållspapper.

Ordna baconskivorna i den 6 dl nonstick muffinsformen. Skär resten av baconet och lägg det i botten av varje kopp.

Blanda ägg, mjölk, smör, persilja, salt och peppar. Tillsätt skinka och mozzarellaost.

Fyll koppar med äggblandning; dekorera med Gouda ost.

Grädda i den förvärmda ugnen tills Goudaosten har smält och äggen är mjuka, cirka 15 minuter.

Näring (per 100g): 310 Kalorier 22,9 g Fett 2,1 g Kolhydrater 23,1 g Protein 988 mg Natrium.

dinosaurieägg

Förberedelsetid: 20 minuter.

Dags att laga mat: 15 minuter

Portioner: 4

Svårighetsgrad: Svår

Ingredienser:

- Senap:
- 1/4 kopp tjock senap
- 1/4 kopp grekisk yoghurt
- 1 tsk vitlökspulver
- 1 nypa cayennepeppar
- Ägg:
- 2 vispade ägg
- 2 koppar potatismos
- 4 hårdkokta ägg, skalade
- 1 burk (15 oz.) burk HORMEL® Mary Kitchen® nötfärs, finhackad
- 2 liter vegetabilisk olja för stekning

Adresser:

Kombinera gammaldags senap, grekisk yoghurt, vitlökspulver och cayennepeppar i en liten skål tills den är slät.

Överför de 2 vispade äggen till en grund tallrik; lägg potatisflingor i en separat grund form.

Dela köttfärsen i 4 portioner. Forma saltbiff runt varje ägg tills det är helt omslutet.

Doppa de inslagna äggen i det uppvispade ägget och pensla med potatismos tills de är täckta.

Fyll oljan i en stor kastrull och värm till 190°C (375°F).

Lägg 2 ägg i den heta oljan och grädda i 3 till 5 minuter tills de är gyllenbruna. Ta bort med en sked droppe och lägg på en tallrik klädd med hushållspapper. Upprepa detta med de återstående 2 äggen.

Skär på längden och servera med senapssås.

Näring (per 100g): 784 Kalorier 63,2 g Fett 34 g Kolhydrater

Tomat och dill frittata

Förberedelsetid: 10 minuter.

Dags att laga mat: 35 minuter

Portioner: 6

Svårighetsgrad: genomsnittlig

Ingredienser:

- Peppar och salt efter smak
- 1 tsk röd paprikaflingor
- 2 hackade vitlöksklyftor
- ½ kopp smulad getost - valfritt
- 2 msk färsk gräslök, hackad
- 2 msk hackad färsk dill
- 4 tomater, tärnade
- 8 ägg, vispade
- 1 tsk kokosolja

Adresser:

Smörj en 9-tums rund bakplåt och förvärm ugnen till 325oF.

I en stor skål, blanda alla ingredienser väl och häll i den förberedda pannan.

Sätt in den i ugnen och grädda tills mitten är klar i ca 30-35 minuter.

Ta ut ur ugnen och garnera med mer gräslök och dill.

Näring (per 100g):149 Kalorier 10,28 g Fett 9,93 g Kolhydrater 13,26 g Protein 523 mg Natrium

Paleo mandelbananpannkakor

Förberedelsetid: 10 minuter.

Dags att laga mat: 10 minuter

Portioner: 3

Svårighetsgrad: genomsnittlig

Ingredienser:

- ¼ kopp mandelmjöl
- ½ tsk mald kanel
- 3 ägg
- 1 banan, mosad
- 1 msk mandelsmör
- 1 tsk vaniljextrakt
- 1 tsk olivolja
- Skivad banan att servera

Adresser:

Vispa äggen i en skål tills de blir fluffiga. Mosa bananen med en gaffel i en annan skål och tillsätt den i äggblandningen. Tillsätt vanilj, mandelsmör, kanel och mandelmjöl. Blanda tills du får en smidig deg. Hetta upp olivoljan i en panna. Tillsätt en matsked smet och stek dem på båda sidor.

Fortsätt göra dessa steg tills du är klar med all degen.

Lägg lite skivad banan ovanpå innan servering.

Näring (per 100g): 306 Kalorier 26 g Fett 3,6 g Kolhydrater 14,4 g Protein 588 mg Natrium

Zucchini med ägg

Förberedelsetid: 5 minuter.

Dags att laga mat: 10 minuter

Portioner: 2

Svårighetsgrad: Lätt

Ingredienser:

- 1 1/2 msk olivolja
- 2 stora zucchini, skurna i stora bitar
- salt och mald svartpeppar efter smak
- 2 stora ägg
- 1 tsk vatten eller efter smak

Adresser:

Koka oljan i en stekpanna på medelvärme; fräs zucchinin tills den är mjuk, ca 10 minuter. Krydda zucchinin väl.

Vispa äggen med en gaffel i en skål. Häll i vatten och vispa tills allt är väl blandat. Häll äggen över zucchinin; koka och rör tills äggen rör sig och inte längre rinner, ca 5 minuter. Krydda zucchini och ägg väl.

Näring (per 100g): 213 Kalorier 15,7 g Fett 11,2 g Kolhydrater 10,2 g Protein 180 mg Natrium

Ostlik Amish frukostgryta

Förberedelsetid: 10 minuter.

Dags att laga mat: 50 minuter

Portioner: 12

Svårighetsgrad: Lätt

Ingredienser:

- 1 pund skivad bacon, tärnad
- 1 söt lök, köttfärs
- 4 koppar fryst strimlad potatis, tinad
- 9 ägg lätt vispade
- 2 dl riven cheddarost
- 1 1/2 dl keso
- 1 1/4 dl riven schweizerost

Adresser:

Värm ugnen till 350°F (175°C). Smörj en 9 x 13-tums ugnsform.

Värm en stor stekpanna över medelvärme; koka och rör om bacon och lök tills baconet är jämnt brynt, ca 10 minuter. Tömma. Tillsätt potatis, ägg, cheddarost, keso och schweizisk ost. Häll blandningen i en förberedd ugnsform.

Grädda i ugnen tills äggen stelnat och osten smält, 45 till 50 minuter. Låt vila i 10 minuter innan du skär och serverar.

Näring (per 100g): 314 Kalorier 22,8 g Fett 12,1 g Kolhydrater 21,7 g Protein 609 mg Natrium

Sallad med Roquefortost

Förberedelsetid: 20 minuter.

Dags att laga mat: 25 minuter

Portioner: 6

Svårighetsgrad: Lätt

Ingredienser:

- 1 salladsblad, skuren i små bitar
- 3 päron - skalade, kärnade ur och skär i bitar
- 5 oz roquefortost, smulad
- 1/2 kopp hackad salladslök
- 1 avokado, skalad, kärnad och tärnad
- 1/4 kopp vitt socker
- 1/2 kopp pekannötter
- 1 1/2 tsk vitt socker
- 1/3 kopp olivolja
- 3 matskedar rödvinsvinäger,
- 1 1/2 tsk beredd senap,
- 1 vitlöksklyfta, finhackad
- 1/2 tsk nymalen svartpeppar

Adresser:

Tillsätt 1/4 kopp socker med nötterna i en stekpanna på medelvärme. Fortsätt att röra försiktigt tills sockret smälter med nötterna. Lägg försiktigt nötterna på vaxat papper. Spara och bryt i bitar.

Vinägrettoljekombination, vinäger, 1 1/2 tsk socker, senap, hackad vitlök, salt och peppar.

Blanda sallad, päron, ädelost, avokado och salladslök i en stor skål. Häll vinägretten över salladen, toppa med valnötter och servera.

Näring (per 100g): 426 Kalorier 31,6 g Fett 33,1 g Kolhydrater 8 g Protein 654 mg Natrium

ris med nudlar

Förberedelsetid: 5 minuter.

Dags att laga mat: 45 minuter

Portioner: 6

Svårighetsgrad: Lätt

Ingredienser:

- 2 koppar kortkornigt ris
- 3½ dl vatten, plus mer för att skölja och blötlägga riset
- ¼ kopp olivolja
- 1 kopp bruten nudelpasta
- Salt

Adresser:

Blötlägg riset i kallt vatten tills vattnet blir klart. Lägg riset i en skål, täck det med vatten och låt det dra i 10 minuter. Töm och reservera. Koka olivoljan i en medelstor kastrull på medelvärme.

Tillsätt nudlarna och koka i 2 till 3 minuter under konstant omrörning tills de är gyllene.

Tillsätt riset och koka i 1 minut under omrörning så att riset täcks väl av olja. Tillsätt vattnet och en nypa salt och låt vätskan koka upp. Justera värmen och låt sjuda i 20 minuter. Ta av från värmen och låt vila i 10 minuter. Fluffa med en gaffel och servera.

Näring (per 100g): 346 kalorier 9 g totalt fett 60 g kolhydrater 2 g protein 0,9 mg natrium

Bönor och ris

Förberedelsetid: 10 minuter.

Dags att laga mat: 35 minuter

Portioner: 4

Svårighetsgrad: Lätt

Ingredienser:

- ¼ kopp olivolja
- 4 koppar färska bondbönor, skalade
- 4½ koppar vatten, plus mer för duggregn
- 2 koppar basmatiris
- 1/8 tsk salt
- 1/8 tsk nymalen svartpeppar
- 2 msk rostade pinjenötter
- ½ kopp hackad färsk vitlök eller färsk lök gräslök

Adresser:

Fyll kastrullen med olivolja och koka på medelvärme. Tillsätt bondbönorna och spraya dem med lite vatten så att de inte bränns eller fastnar. Koka i 10 minuter.

Tillsätt riset försiktigt. Tillsätt vattnet, salt och peppar. Sätt på elden och låt blandningen koka upp. Justera värmen och låt det puttra i 15 minuter.

Ta av från värmen och låt vila i 10 minuter innan servering. Häll upp i ett serveringsfat och strö över de rostade pinjenötterna och gräslöken.

Näring (per 100g): 587 kalorier 17 g totalt fett 97 g kolhydrater 2 g protein 0,6 mg natrium

bondbönor med smör

Förberedelsetid: 30 minuter.

Dags att laga mat: 15 minuter

Portioner: 4

Svårighetsgrad: Lätt

Ingredienser:

- ½ dl grönsaksbuljong
- 4 pund bondbönor, skalade
- ¼ kopp färsk dragon, delad
- 1 tsk hackad färsk timjan
- ¼ tesked nymalen svartpeppar
- 1/8 tsk salt
- 2 smörskedar
- 1 finhackad vitlöksklyfta
- 2 msk hackad färsk persilja

Adresser:

Koka upp grönsaksbuljongen i en ytlig stekpanna på medelvärme. Tillsätt limabönorna, 2 matskedar dragon, timjan, peppar och salt. Koka tills buljongen nästan har absorberats och bönorna är mjuka.

Tillsätt smör, vitlök och de återstående 2 matskedar dragon. Koka i 2 till 3 minuter. Strö över persiljan och servera varm.

Näring (per 100g): 458 kalorier 9 g fett 81 g kolhydrater 37 g protein 691 mg natrium

Freekeh

Förberedelsetid: 10 minuter.

Dags att laga mat: 40 minuter

Portioner: 4

Svårighetsgrad: Lätt

Ingredienser:

- 4 matskedar ghee
- 1 hackad lök
- 3½ dl grönsaksbuljong
- 1 tsk mald kryddpeppar
- 2 koppar freekeh
- 2 msk rostade pinjenötter

Adresser:

Smält ghee i en tjockbottnad kastrull på medelvärme. Tillsätt löken och koka i cirka 5 minuter under konstant omrörning tills löken är gyllene. Häll i grönsaksbuljongen, tillsätt kryddpeppar och låt koka upp. Tillsätt freekeh och låt blandningen koka upp igen. Justera värmen och låt sjuda i 30 minuter, rör om då och då. Häll upp freekeh på ett serveringsfat och toppa med de rostade pinjenötterna.

Näring (per 100g): 459 kalorier 18 g fett 64 g kolhydrater 10 g protein 692 mg natrium

Friterade risbollar med tomatsås

Förberedelsetid: 15 minuter.

Dags att laga mat: 20 minuter

Portioner: 8

Svårighetsgrad: Svår

Ingredienser:

- 1 kopp ströbröd
- 2 koppar kokt risotto
- 2 stora ägg, delade
- ¼ kopp nyriven parmesanost
- 8 färska babymozzarellabollar, eller 1 (4-tum) stock färsk mozzarella, skuren i 8 bitar
- 2 matskedar vatten
- 1 kopp majsolja
- 1 kopp grundläggande tomatbasilikasås, eller köpt i butik

Adresser:

Lägg ströbrödet i en liten skål och ställ åt sidan. I en medelstor skål, blanda ihop risotton, 1 ägg och parmesanost tills det är slätt. Dela risottoblandningen i 8 bitar. Lägg ut dem på en ren arbetsyta och platta till varje bit.

Lägg 1 mozzarellaboll på varje tillplattad risskiva. Stäng riset runt mozzarellan för att bilda en boll. Upprepa tills alla bollar är färdiga. I samma, nu tomma, medelstora skål, vispa det återstående ägget och vattnet. Doppa varje beredd risottoboll i det uppvispade ägget och rulla i ströbrödet. Avsätta.

Koka majsolja i en stekpanna på hög värme. Sänk försiktigt ner risottobollarna i den heta oljan och stek i 5 till 8 minuter tills de är gyllenbruna. Rör om dem, efter behov, för att se till att hela ytan är stekt. Använd en hålslev och lägg de stekta bollarna på hushållspapper för att rinna av.

Värm tomatsåsen i en medelstor kastrull på medelvärme i 5 minuter, rör om då och då, och servera såsen varm tillsammans med risbollarna.

Näring (per 100g): 255 kalorier 15 g fett 16 g kolhydrater 2 g protein 669 mg natrium

Spanskt ris

Förberedelsetid: 10 minuter.

Dags att laga mat: 35 minuter

Portioner: 4

Svårighetsgrad: genomsnittlig

Ingredienser:

- ¼ kopp olivolja
- 1 liten lök finhackad
- 1 röd paprika, kärnad och tärnad
- 1½ koppar vitt ris
- 1 tsk söt paprika
- ½ tsk malen spiskummin
- ½ tsk mald koriander
- 1 finhackad vitlöksklyfta
- 3 matskedar tomatpuré
- 3 koppar grönsaksbuljong
- 1/8 tsk salt

Adresser:

Koka olivoljan i en stor tjockbottnad stekpanna på medelvärme. Tillsätt löken och röd paprika. Koka i 5 minuter eller tills den mjuknat. Tillsätt ris, paprika, spiskummin och koriander och koka i 2 minuter, rör om ofta.

Tillsätt vitlök, tomatpuré, grönsaksbuljong och salt. Rör om väl och krydda efter behov. Låt blandningen koka. Sänk värmen och låt sjuda i 20 minuter.

Låt vila i 5 minuter innan servering.

Näring (per 100g):414 kalorier 14 g fett 63 g kolhydrater 2 g protein 664 mg natrium

Zucchini med ris och tzatziki

Förberedelsetid: 20 minuter.

Dags att laga mat: 35 minuter

Portioner: 4

Svårighetsgrad: genomsnittlig

Ingredienser:

- ¼ kopp olivolja
- 1 hackad lök
- 3 zucchini, tärnade
- 1 dl grönsaksbuljong
- ½ kopp hackad färsk dill
- Salt
- nymalen svartpeppar
- 1 kopp kortkornigt ris
- 2 matskedar pinjenötter
- 1 kopp tzatzikisås, vanlig yoghurt eller köpt yoghurt

Adresser:

Koka oljan i en tjockbottnad gryta på medelvärme. Tillsätt löken, sänk värmen till medel-låg och fräs i 5 minuter. Blanda i zucchinin och koka i ytterligare 2 minuter.

Tillsätt grönsaksbuljongen och dillen och smaka av med salt och peppar. Höj värmen till medel och låt blandningen koka upp.

Tillsätt riset och låt blandningen koka upp igen. Sänk värmen till mycket låg, täck grytan och koka i 15 minuter. Ta av från värmen och låt vila i 10 minuter. Lägg upp riset på ett serveringsfat, strö över pinjenötterna och servera med tzatzikisås.

Näring (per 100g): 414 kalorier 17 g fett 57 g kolhydrater 5 g protein 591 mg natrium

Cannellinibönor med rosmarin och vitlöksaioli

Förberedelsetid: 10 minuter.

Dags att laga mat: 10 minuter

Portioner: 4

Svårighetsgrad: Lätt

Ingredienser:

- 4 koppar kokta cannellinibönor
- 4 koppar vatten
- ½ tsk salt
- 3 matskedar olivolja
- 2 msk hackad färsk rosmarin
- ½ kopp vitlöksaioli
- ¼ tesked nymalen svartpeppar

Adresser:

Kombinera cannellinibönor, vatten och salt i en medelstor kastrull på medelvärme. Koka upp Koka i 5 minuter. Tömma. Koka olivoljan i en stekpanna på medelvärme.

Tillsätt bönorna. Tillsätt rosmarin och aioli. Sätt värmen på medellåg och koka, rör om, bara för att värma igenom. Krydda med peppar och servera.

Näring (per 100g): 545 kalorier 36 g fett 42 g kolhydrater 14 g protein 608 mg natrium

juvelprydda ris

Förberedelsetid: 15 minuter.

Dags att laga mat: 30 minuter

Portioner: 6

Svårighetsgrad: Svår

Ingredienser:

- ½ kopp olivolja, delad
- 1 finhackad lök
- 1 finhackad vitlöksklyfta
- ½ tesked skalad och finhackad färsk ingefära
- 4½ koppar vatten
- 1 tsk salt, delat, plus mer efter behov
- 1 tsk mald gurkmeja
- 2 koppar basmatiris
- 1 kopp färska söta snapsärtor
- 2 morötter, skalade och skurna i ½-tums tärningar
- ½ kopp torkade tranbär
- Skal av 1 apelsin
- 1/8 tsk cayennepeppar
- ¼ kopp skivad mandel, rostad

Adresser:

Värm ¼ kopp olivolja i en stor stekpanna. Lägg löken och koka i 4 minuter. Fräs i vitlök och ingefära.

Tillsätt vattnet, ¾ tesked av saltet och gurkmejan. Låt blandningen koka upp. Tillsätt riset och koka upp igen. Smaka av buljongen och smaka av med mer salt efter behov. Välj värmen till låg och koka i 15 minuter. Släcka elden. Låt riset stå över värme, täckt, i 10 minuter. Under tiden, i en medelstor stekpanna eller stekpanna över medel-låg värme, värm den återstående ¼ koppen olivolja. Tillsätt ärtorna och morötterna. Koka i 5 minuter.

Tillsätt blåbären och apelsinskalet. Strö över resterande salt och cayennepeppar. Koka i 1 till 2 minuter. Häll upp riset på ett serveringsfat. Toppa med ärtorna och morötterna och strö över den rostade mandeln.

Näring (per 100g): 460 kalorier 19 g fett 65 g kolhydrater 4 g protein 810 mg natrium

www.ingramcontent.com/pod-product-compliance
Lightning Source LLC
Chambersburg PA
CBHW070420120526
44590CB00014B/1476